人文大讲堂

老子讲演录

杨国荣 著

中国人民大学出版社
·北京·

前　言

根据《史记·老子韩非列传》的记载，老子“姓李氏，名耳，字聃”，楚国苦县（今河南鹿邑）人。曾在周王朝做过管理图书的史官（“周守藏室之史”），年长于孔子，孔子曾问礼于老子。现存《老子》一书，传统的说法认为系老子所作，但自 20 世纪 20 年代开始，关于老子其人以及《老子》其书问题逐渐形成了不同的看法，这方面的讨论，可能仍将继续。本书主要以《老子》一书为诠释对象，对老子其人以及成书过程等具体问题的考辨，则从略。从总体上看，以道为总纲，通过终极之道与人的存在、道与德、道法自然、为学与为道、超越既成与守护可能等问题的论析，展示《老子》一书深层的哲学思考。

一　道、天、地、人

相对于先秦时代儒墨两大显学，《老子》似乎对形而上的问题表现出更为浓厚的兴趣：以道的辨析作为全书的出发点，一开始便显现了一种形而上的视域。在《老子》哲学的展开过程中，我们确实可以一再看到对形而上学问题的追问和沉思。

一般而言，形上思维往往倾向于区分现象与现象背后的存在，《老子》一书亦体现了这一特点。综观全书，我们常常可以看到如下这一类表述："大成若缺""大盈若冲""大直若屈"①，"明道若昧""进道若退""质真若渝"②。这里的"若"，主要与对象的外在显现相联系。完美的实在呈现于外时，往往似有缺陷（"若缺"）；充实的对象在外观上常常显得虚而空（"若冲"），如此等等。在此，对象的真实存在与对象的外在呈现展现为两重系列，两者之间似乎具有某种本体论上的距离。

这样，按《老子》的看法，本然的存在一旦取得现象的形式，便意味着失去其真实的形态。在谈到五色、五音等与人的关系时，《老子》进而指出："五色令人目盲，五音令人耳聋，五味令人口爽"③。此所谓色、音、味既对应于自然，又意指呈现于外的现象；从前一意义（与自然的关系）上看，五色、五音等作为人化之物意味着对自然状态的破坏；就后一意义（现象）而言，色、音、味又作为外在呈现而与真实的存在相对。《老子》认为"五色令人目盲，五音令人耳聋"，不仅表现了对

① 老子·第四十五章.
② 老子·第四十一章.
③ 老子·第十二章.

人化世界的拒斥，而且也流露出对现象世界的贬抑和疏远。

现象世界的非真实性，决定了思维不能停留于其上。《老子》一再要求超越仅仅呈现于外的现象，以达到真实的存在。在对道的规定中，我们便不难看到这一点。对《老子》来说，由色、音、味等现象层层追溯，最后总是引向终极之“在”，亦即道。作为终极的存在，道构成了万物的本原：“是谓天地根。”① 相对于声、色等所构成的现象世界，道具有不同的特点，《老子》对此做了如下阐述：

> 视之不见名曰“夷”，听之不闻名曰“希”，搏之不得名曰“微”。此三者，不可致诘，故混而为一。其上不皦，其下不昧，绳绳不可名，复归于无物，是谓无状之状，无物之象。是谓惚恍。迎之不见其首，随之不见其后。执古之道，以御今之有，能知古始，是谓道纪。②

视、听、搏以可感知的领域为其对象，所视、所听、所搏者都不外乎感性的现象。道则超越了现象之域，无法以名言来指称（不可名），也难以归结为某种具体的对象。《老子》常常用“无”来表示道，所谓“复归于无物”，亦着重于指出“无”这一规定。这里所说的“无”，并不是不存在，而是强调道不具有呈现于外的感性规定。黑格尔已注意到了这一点，在谈到《老

① 老子·第六章.
② 老子·第十四章.

子》的“无”时，他曾指出：“这种‘无’并不是人们通常所说的无或无物，而乃是被认作远离一切观念、一切对象，——也就是单纯的、自身同一的、无规定的、抽象的统一。因此这‘无’同时也是肯定的；这就是我们所叫作的本质。”① 不妨说，在《老子》哲学中，“无”所突出的，是终极本体对外在现象的超越。

《老子》要求从可感知的现象世界走向“复归于无物”的道，无疑展示了一种形而上的路向。作为天地之根，道构成了万物的第一原理，所谓“夫物芸芸，各复归其根”② “天得一以清，地得一以宁”“万物得一以生”③，便意味着具体的“有”，向超越感性规定的“无”（道）回归。在这里，复归本根（“复归其根”）与追寻统一（“得一”）表现为同一向度：道作为万物存在的根据，同时构成了世界的统一性原理。

天地万物既有其统一的本原，又展开为一个变化运动的过程。从自然对象看，“飘风不终朝，骤雨不终日”④，不存在永恒不变的现象；就社会领域而言，“金玉满堂，莫之能守”⑤，社会成员的地位、财富也都处于流变之中。《老子》从总体上对世界

① 黑格尔．哲学史讲演录：第一卷．北京：商务印书馆，1981：131.
② 老子·第十六章.
③ 老子·第三十九章.
④ 老子·第二十三章.
⑤ 老子·第九章.

的变化过程做了如下概述："反者，道之动。"① 这里的"反"既指向本原的复归，又泛指向相反方向的转化，后者意味着对既定存在形态的否定。在此，"道"从否定的方面，展现为世界的变化原理。

从哲学思维的发展看，自原始的阴阳说与五行说开始，早期的形上之思便试图对世界的统一性和发展变化做出不同的解释。阴阳说以两种对立的力量来说明现象的运动变化，表现了对世界发展原理的关注；宇宙论意义上的五行说以五种基本的物质元素来解释世界的构成，其思维路向更多地涉及世界的统一性原理。不过，在原始的阴阳说、五行说中，作为动力因的阴阳以及作为世界构成的五行都仍与具体的质料纠缠在一起，而以某种特殊的物质形态来解释世界的统一和变化，显然有其理论上的困难。相形之下，《老子》将"复归于无物"（不同于具体物质形态）的道，视为世界的第一原理，无疑已逸出了质料因的视域。

《老子》由区分现象与现象背后的存在，进而追寻万物统一的本原，无疑表现了对存在的关注。如果我们把存在的追问视为一种本体论向度，那么，《老子》哲学确乎已开始表现出某种本体论的思维趋向。当然，在《老子》哲学中，本体论沉思与

① 老子·第四十章.

宇宙论构造之间的界限往往还不很分明，道常常既被理解为存在的根据，又被视为万物的化生者，在所谓“天下有始，以为天下母”① “天下万物生于有，有生于无”② 等命题中，道与万物的关系便多少被赋予某种生成与被生成的性质。不过，无论是本体论的走向，抑或宇宙论的进路，都表现为对世界的终极性思考。

广义的存在不仅包括本体论意义上的“有”（being），而且涉及人自身之“在”（existence）。《老子》在追问“有”以及“有”之本原的同时，并没有遗忘人自身的存在。为了更具体地了解这一点，我们不妨看一下《老子》的如下论述：

> 故道大，天大，地大，王亦大。域中有四大，而王居其一焉。③

这里的“王”，主要不是表示政治身份，它所着重表明的，是与天、地、道相对的另一种存在形态，即“人”；换言之，“王”在此首先被理解为“人”的存在象征或符号④。在本章下文“人法地，地法天，天法道”之序中，“王”便直接以“人”来表示。这样，“四大”实质上包含着道、天、地、人四项，其

---

① 老子·第五十二章.

② 老子·第四十章.

③ 老子·第二十五章.

④ 王弼：“天地之性人为贵，而王是人之主也。”（王弼. 老子道德经注：二十五章//王弼集校释. 北京：中华书局，1980：64）这一解说亦主要以“人”释“王”。

中既包括广义的“物”（天地），亦涉及人，而涵盖两者的最高原理则是道。《老子》将人视为域中“四大”之一，无疑体现了对人的存在价值的肯定。

《老子》的“四大”之说，在某些方面使人联想到海德格尔的类似观念。海德格尔在后期的若干论著中，曾有天、地、神、人四位一体之说：“从一种原始的统一性而来，天、地、神、人‘四方’归于一体。”① 这四者的相互联系，便构成了世界：“天、地、神、人之纯一性的居有着的映射游戏，我们称之为世界(Welt)。”② 这里首先当然体现了对人的存在的关切：人在大地之上、天空之下，面对诸神，向死而在。在《物》一文中，海德格尔曾分析了物在统一天、地、神、人中的作用，认为：“物化之际，物居留大地和天空，诸神和终有一死者；居留之际，物使在它们的远中四方相互趋近。”③ 然而，作为“四大”的凝

---

① 海德格尔．海德格尔选集．上海：上海三联书店，1996：1192.

② 同①1180.

③ 同①1178．海德格尔曾以壶为例，来说明物在统一“四大”中的作用。壶可以容纳水或酒，后者首先又与泉相联系。“在赠品之水中有泉。在泉中有岩石，在岩石中有大地的浑然蛰伏。这大地又承受着天空的雨露。在泉水中，天空与大地联姻。在酒中也有这种联姻。酒由葡萄的果实酿成。果实由大地的滋养与天空的阳光所玉成。在水之赠品中，在酒之赠品中，总是栖留着天空与大地。但是，倾注之赠品乃是壶之壶性。故在壶之本质中，总是栖留着天空与大地。”（海德格尔．海德格尔选集．上海：上海三联书店，1996：1172-1173）但壶同时又与人、与神相联系。“倾注之赠品乃是终有一死的人的饮料。它解人之渴，提神解乏，活跃交游。但是，壶之赠品时而也用于敬神献祭。”（同上书，1173）在此，天、地、神、人即通过壶这种物而相互联结。

聚者，物并不是人之外的自在对象。海德格尔通过对“物”的词源学的分析，指出：“它表示人们以某种方式予以关心、与人相关涉的一切东西，因而也是处于言谈中的一切东西。”① 换言之，物只有与人相联系，才具有沟通天、地、神、人的作用；在物的背后，乃是人的存在。

不过，与后期对技术专制的批评相应，除了以人的存在为关注之点外，海德格尔的天、地、神、人四位一体说还具有另一重含义。在谈到安居时，海德格尔指出：“终有一死者通过栖居而在四重整体中存在。”“终有一死者栖居着，因为他们拯救大地——拯救一词在此取莱辛还识得的那种古老意义。拯救不仅是使某物摆脱危险。拯救的真正意思是把某物释放到它本己的本质中。拯救大地远非利用大地，甚或耗尽大地。对大地的拯救并不控制大地，并不征服大地——这还只是无限制的掠夺的一个步骤而已。”② 控制、征服、耗尽侧重于对大地的支配和利用，它在要求化自在之物为为我之物的同时，又蕴含着片面或狭隘的人类中心观念。与之相对，天、地、神、人的四位一体，则意味着在安居于大地的同时，扬弃片面或狭隘的人类中心观念。换言之，物固然因人而在，但人亦与物共在：“栖居始终已经是一种在物那里的逗留。”③ 不难看出，在天、地、神、

① 海德格尔．海德格尔选集．上海：上海三联书店，1996：1175.

② 同①1193.

③ 同①1194.

人的相互映射中，一方面，人的存在并没有被遗忘；另一方面，这种存在又始终处于四方的关系之中。

在关注人的存在这一点上，《老子》的道、天、地、王（人）“四大”之说无疑表现了与海德格尔相近的思维趋向。当然，与后期海德格尔更多地以四位一体突出存在的共居性及相互映射性有所不同，《老子》将人提升为“四大”之一，似乎旨在沟通对道的终极追问与人自身的存在：在道、天、地、王（人）“四大”之中，形上的关切同时指向了本体论意义上的存在（being）与人自身的存在（existence）。海德格尔曾批评传统形而上学仅仅关注存在者，而遗忘了存在本身。所谓存在者，常常意指具体对象之后的“一般”存在，存在本身则首先与人自身的特定存在相联系。如果说，《老子》对道的追问多少近于探求存在者，那么，将人列入“四大”，则意味着超越对存在本身的遗忘。不难看出，道大、天大、地大、人亦大之说的内在哲学意蕴，在于对存在（being）与“在”（existence）的双重关注。

从人为域中“四大”之一这一前提出发，《老子》提出了知人的要求：“知人者智，自知者明。”① 知人是认识他人，自知是认识自我，两者都指向广义的人。与面向道的形上之思有所不同，《老子》对人的把握并不表现为一种本体论上的终极追问，而是主要体现为对人的存在境遇及存在方式的关切。人存在于

① 老子·第三十三章.

世，总是会遭遇各种生存处境，《老子》从不同方面考察了人的在世过程。强弱、荣辱是人生面临的基本问题之一，《老子》在反省了人生的强弱变化等种种现象之后，提出了如下的在世原则："知其雄，守其雌"①。雄象征着强有力的状态，雌则代表弱势，根据"反者，道之动"的原则，事物发展到一定阶段，便会向其反面转化，所谓"兵强则不胜，木强则兵"②。因此，在了解了何者为强之后，始终保持柔弱状态，才不失为明智之举。同样，就荣辱而言，在《老子》看来，合理的态度应当是"知其荣，守其辱"，以达到"复归于朴"③，亦即不要过分地去追求世间的荣耀，而应保持一种质朴的状态。

以上观念更多地表现为一种个体自我调节的原则。就自我与对象的关系而言，在世过程又涉及去取、予夺等交替变更："将欲翕之，必固张之；将欲弱之，必固强之；将欲废之，必固兴之；将欲夺之，必固与之，是谓微明。柔弱胜刚强。"④ 这里固然涉及政治、军事等领域的具体谋略，但从哲学上看，它又广义地表现为一种应付存在境遇的方式，而"柔弱胜刚强"则是其核心原则。人生在世，总是要与他人打交道，而打交道又往往会有得失，"柔弱胜刚强"便被视为有效应付对手的方式。

---

① 老子·第二十八章.
② 老子·第七十六章.
③ 同①.
④ 老子·第三十六章.

在这里，存在的关注似乎引向了处世方式的设定。类似的处世原则还包括“知足者富”[1]“甚爱必大费，多藏必厚亡”[2]“知足不辱”[3]“不敢为天下先”[4]，如此等等。

相对于海德格尔，《老子》对存在的如上考察，显然表现了不同的视域。从批评存在的遗忘这一立场出发，前期海德格尔将存在者的存在转换为此在，并以此在的时间性为切入点，对此在做了多方面的分析，这种分析被称为基础本体论，具有独特的哲学意义。对此在的这种本体论层面的分析，确乎体现了深沉的哲学洞见。与海德格尔有所不同，由沟通终极之道与人的存在，《老子》往往将注重之点指向了人在各种境遇中的“在”，其追问的对象亦常常由人在世的本体论意义，转向人在世的具体方式。这种思路突出了存在的现实之维以及人与日常处境的联系，体现了日用即道的哲学向度。它对于抑制思辨的走向，避免存在的超验化，无疑具有不可忽视的意义。然而，将存在的关切与在世方式的探寻联系起来，似乎亦容易使存在的追问衍化为某种处世哲学，从而限制存在之思的深沉性，道家哲学后来在某些方面被引向“术”（谋术、权术、长生术等等），与此似乎不无关系。

---

① 老子·第三十三章.
② 老子·第四十四章.
③ 同②.
④ 老子·第六十七章.

《老子》以道为第一原理，从而超越了原始的阴阳五行说；又以道大、天大、地大、王（人）亦大的“四大”之说确认了人的存在，从而不仅以本体论上的“有”（being）为关注之点，而且将人自身的“在”（existence）引入了哲学之思。从理论上看，存在的探寻总是与人自身的“在”联系在一起。相对于本体论意义上的“有”（being），人自身的“在”更多地展开于人的生存过程：它在本质上表现为一种历史实践中的“在”（existence）。离开人自身的“在”，存在（being）只具有本然或自在的性质；正是人自身的“在”，使存在向人敞开。因此，不能离开人自身的“在”去对存在做思辨的悬想。当然，人自身的“在”，也并非处于存在之外，它总是同时具有某种本体论的意义。这样，人一方面在自身的“在”（existence）中切入存在（being），同时又在把握存在的过程中，进一步从本体论的层面领悟自身的“在”。尽管《老子》在对道做终极追问的同时，还没有完全自觉地将其与人自身的“在”联系起来，事实上，在某些方面，道的沉思往往还游离于人自身的“在”。然而，《老子》在“四大”的形式下，将人与道、天、地加以联结，似乎又蕴含着沟通存在（being）与“在”（existence）的意向。总之，就其在某些方面离开人自身的“在”去追问终极之道而言，《老子》哲学无疑还没有完全超越以思辨的方式去追问存在者的存在；但就其以“四大”统一人、地、天、道而言，它又显然多少有别于对存在的遗忘。

以道的形上追问与人的形下关切为双重向度，《老子》的第一哲学确乎展示了自身的特点。在道、天、地、人的四重关系中，形上之道与人的存在从相分走向相合，但与后期海德格尔以天、地、神、人的相互映射扬弃片面的人类中心观念，亦即由人走向天、地、神有所不同，《老子》的逻辑秩序是道、天、地、人，亦即从道走向人。这种思路一方面通过面向人的现实之“在”而多少抑制了对道的超验承诺，但同时亦容易使存在的关切导向处世哲学，从而限制存在之思的深沉性。

二　尊道贵德

与存在和“在”的双重关注相联系，《老子》对道与德的关系亦做了独特的考察。关于道，《老子》有过多重界说。如前所述，作为万物的根据，道具有形而上的性质。《老子》在第二十五章中对此做了更具体的规定：

> 有物混成，先天地生。寂兮寥兮，独立而[①]不改，周行而不殆，可以为天下母。吾不知其名，字之曰“道”，强为之名曰“大”。

“混”主要相对于已分化的个体而言，它所表现的是道的统一性

---

① 王弼本无“而”，此据帛书《老子》乙本校补。

品格；“先天地”与“大”隐含了时空上的无限性；“寂”“寥”则表征了道的超感性这一面；“独立而不改”，表明道不依存于外部对象而以自身为原因；“周行而不殆”确认了道与发展过程的联系；最后，“可以为天下母”，则隐喻了道对万物的本原性。

道自我统一而又先于天地、以自身为原因而又超越感性的存在，在道这一层面，世界似乎更多地具有形而上和未分化的特点。如何由形而上的道过渡到形而下的物?《老子》提出了“德”这一范畴:“道生之，德畜之，物形之，势成之。是以万物莫不尊道而贵德。”① “德”在《老子》哲学中有多重含义。从本体论上看，所谓“德”，意味着有得于道，或者说，由道而得到的具体规定。黄老一系的《管子》在界说道与德的关系时，曾指出:“德者道之舍，物得以生生，知得以职道之精。故德者，得也。得也者，其谓所得以然也。”② 这里固然渗入了《管子》作者的思想，但亦展示了与道相对的“德”这一范畴的本来含义。事实上，在以上所引《老子》的论述中，也不难看到“德”与“得”的这种联系:所谓“道生之”，是接着“可以为天下母”而说的，其内在含义在于强调道的本原性；“德畜之”，亦即得之道的具体规定构成了物生成的潜能；“物形之”，涉及

① 老子·第五十一章.
② 管子·心术上.

特定质料与具体物质形态的关系；“势成之”，则着重指出内在必然性（必然之势）对事物的推动作用。从形而下世界的形成看，道作为本原，同时表现为一种自然的原则，所谓“道法自然”①，即表明了此点，就这一意义而言，“道生之”，亦可理解为物自生；而物的这一自生过程，又以“德”为现实的出发点：物的发生与形成，总是表现为“德”的展开。

道作为未分化的超验存在，往往无具体的规定，在此意义上，也可视为“无”；德相对于道，已有所“得”，亦即取得了某种“有”的形态，这样，“道与德”的关系和“无与有”的关系，便有了一种逻辑上的相通性。《老子》在第一章中已指出：“无，名天地之始；有，名万物之母。”② 以“无”或“无名”表示天地之始既强调了道的超时间性，亦隐喻了道的未分化性（无天地之分、万物之别），而天下万物（一个一个的对象）总是以具体的规定为其现实的出发点，这里的“有”或“有名”在包含具体规定上，与“德”无疑彼此相近，所谓“有，名万物之母”，与“德畜之”，似乎亦可互释。

《老子》哲学中的“有”与巴门尼德的“有”或“存在”显

① 老子·第二十五章.

② 此句在断句上历来有分歧。王弼等以“无名”“有名”为断，王安石则以“无，所以名天地之始；有，所以名万物之母”解释此句，亦即以“无”“有”为断。从内容上看，两者的含义事实上是相通的：“无名”即无法以经验领域的名言加以表示者，“无”则意谓无具体规定者，两者所指实为一（道），“有名”与“有”的分别亦类此。参见本书第一章释义。

然有所不同。在巴门尼德的哲学系统中，“有”或存在构成了世界的第一原理，而这种“有”，又被理解为没有内在区分的单一的存在，它与思想同一而与特殊的事物相对。在这种无分别的“有”之中，“万物的多样性已沉没在这全一之中”①。质言之，巴门尼德的“有”更多地表现为一种与个体相对的统一性原理。较之巴门尼德，《老子》的“有”与个体或特殊对象似乎有着更为切近的联系：在《老子》哲学中，世界的统一本原并不是“有”而是“无”（或道）。所谓“天下万物生于有，有生于无”②，强调的便是“有”与万物的相通性：作为万物之源的“有”，也就是获得了具体规定（成其“德”）的存在；万物生于有，犹言具体之物总是源于具体之物。从终极的意义上看，“无”或道构成了形而上的存在根据；就万物之间的相生而言，“有”或“德”又是事物化生的现实出发点。在此，本体论的视域与宇宙论的规定再次交错在一起。如果说，“无”或道主要表现为统一性原理，那么，“有”或“德”则更多地展示了个体性原理。

道与德、有与无作为世界的两重原理，并不是彼此悬隔的，所谓“天下万物生于有，有生于无”，已表明了这一点。在第五十二章中，《老子》以母子为喻，对此做了进一步的阐释：

---

① 文德尔班. 哲学史教程：上卷. 北京：商务印书馆，1989：57.

② 老子·第四十章.

> 天下有始，以为天下母。既得其母，以知其子；既知其子，复守其母，没身不殆。

此所谓母与子，大致对应于道与德、无与有。这里既涉及了认识之维，又渗入了本体论的视域。从认识之维看，一方面，在把握了存在的统一本原和形上根据之后，又应当进而切入具体的“有”（知其子）；另一方面，对存在的考察不能停留在“有”的层面，而应不断向形上本原回复。得母（把握形上根据）与知子（切入具体存在）的这种互动关系，在逻辑上又以道与德、有与无、母与子的统一为其本体论的前提，这种统一既表现为从道到德，即不断从无具体规定走向具体规定，又以从德到道的返归为内容：“玄德深矣，远矣，与物反矣”①，反（返）即意味着复归本原。本体论上的从道到德和由德返道与认识论上的得母知子和知子守母，从不同方面展示了道与德的统一。

不难注意到，通过肯定道与德、无与有、母与子的互动，《老子》表现出沟通统一性原理与个体性原理的趋向。事实上，当《老子》强调“尊道而贵德”② 时，便已明确地表明了这一立场：尊道意味着由现象之域走向存在的终极根据，贵德则蕴含着对个体的关注；在尊道贵德之后，是对普遍性原理与个体性原理的双重确认。如果说，肯定域中有“四大”（道、天、地、

---

① 老子·第六十五章.
② 老子·第五十一章.

人）着重于道与人、存在与“在”的沟通，那么，尊道而贵德则要求在更普遍的层面，打通形上本体与形下个体，两者可以视为同一思路的展开。

《老子》对道与德的规定，在某些方面使人想到了柏拉图和亚里士多德。柏拉图对真实的存在与虚幻的存在做了区分，以为唯有一般的理念才具有真实性，这种以共相为第一原理的形而上学，显然未能对个体原则做出合理的定位。在柏拉图之后，亚里士多德将存在的考察与实体的研究联系起来，并区分第一实体与第二实体，前者主要指个体，后者则包括类或种。在亚里士多德看来，第一实体是最真实的存在，它构成了其他一切事物的基础。在这里，亚里士多德似乎表现出回到个体本身的趋向。相对于柏拉图将存在的普遍性和统一性这方面提到至上的地位，亚里士多德更多地强化了存在的个体之维。古希腊哲学的这一发展趋向在尔后的西方哲学演进中得到了某种延续：从中世纪的唯名论与唯实论之争，到近代哲学中的经验论与唯理论之辩，都在不同意义上内含普遍性原理与个体性原理的某种对峙。相形之下，《老子》以“尊道而贵德”沟通普遍性原理与个体性原理，无疑展示了不同的思维路向。

作为道在“有”之中的体现，“德”不仅表现为内在于事物的具体规定，而且与人的存在相联系。在《老子》第五十四章中，我们可以看到如下论述：

> 修之于身，其德乃真；修之于家，其德乃余；修之于乡，其德乃长；修之于国，其德乃丰；修之于天下，其德乃普。

这里的“德”，已不仅仅是本体论意义上的具体规定，它作为人的品格而具有了德性的意义。正如道内在于物而表现为对象的现实规定一样，道体现于人，便展示为人的具体德性。在此，道似乎构成了德性的形上根据。从形上之道到人的德性，既是道在人之中的具体化，又表现为道本身超验性的扬弃：形上的根据显而为现实的德性。在后一意义上，由道而德，又可以视为道的某种自我限制，当《老子》在第三十八章中说“失道而后德”时，其中亦多少包含着这一含义。

就德性本身而言，其形态又有高下之分。《老子》常常以赤子隐喻理想的德性：“含德之厚，比于赤子。”① 赤子亦即智慧未开的婴儿，它象征着一种未经人化的自然状态。在《老子》看来，完美的德性就在于回归或保持人的自然状态，超越一切有意的人为。唯有如此，才能真正达到得道的境界。同于赤子的这种纯厚之德，也就是所谓“上德”，与之相对的则是“下德”。《老子》曾对这两种不同形态的德性做了比较：“上德不德，是以有德；下德不失德，是以无德。上德无为而无以为，下德为之而有以为。”② 上德不德，是指具有完美德性者并不自居其德

① 老子·第五十五章.
② 老子·第三十八章.

而有意为之，唯其如此，故成其为德；下德没有达到此种境界，往往执着德性并以此标榜，其结果则是纯厚之德的失落。这里的下德，亦可视为德性的某种异化，从德性的角度看，它意味着远离自然之美；就道与德的关系而言，它则表现为对道的偏离。由这一层面而视之，则所谓“失道而后德”，似乎亦包含着对德性沦落的批评。

如前所述，相对于道，“德”更多地展示了个体性原理，后者既体现于对物的规定，也表现在道与人的关系之上。从广义的存在看，由道而德，展开为从“无”（无具体规定的未分化形态）到“有”（获得具体规定）的过程；就人的“在”而言，由道而德，则同时伴随着德性的分化（上德与下德等区分）过程。《老子》既肯定了从道到德的进展，又要求不断向道复归，确乎表现了沟通统一性原理与个体性原理的意向。在“尊道而贵德”的形式下，一方面，“天网恢恢，疏而不失”①，普遍之道涵摄一切存在；另一方面，道与万物的关系又是“生而不有，为而不恃，长而不宰”②，其中蕴含着对个体的某种开放性，后者无疑为存在的多方面分化及存在的多重样式提供了本体论的根据。统一性原理与个体性原理的这种交融，在尔后道家的本体论及价值论中一再以不同方式得到了折射。

---

① 老子·第七十三章.

② 老子·第五十一章.

三　自然无为：两重内涵

道与德的统一表明，作为存在的终极根据，道并不是一种外在的主宰；毋宁说，它更多地表现为存在的自我统一。循沿这一思路，《老子》进一步提出了"道法自然"说。在前文曾引及的第二十五章中，紧接"域中有四大，而王居其一焉"，《老子》写道：

> 人法地，地法天，天法道，道法自然。

从本体论上看，所谓"道法自然"，也就是道以自身为原因。《老子》在第四十二章中曾说："道生一，一生二，二生三，三生万物。"这里的"一"，也就是道自身；道生一，犹言道自生或道自我决定。在生成关系这种外在形式之后，是对自因（道以自身为原因）的肯定。《老子》强调"反者，道之动"，同样意味着将变化理解为一个自我运动的过程，其中蕴含着发展原理与自因的统一。

法自然的自因义，主要侧重于天道。从人道的角度看，法自然又与人的行为相联系。在第五十三章中，我们读到："使我介然有知，行于大道，唯施是畏。"从字源学上看，"道"本有道路之义，引申为主体应当遵循的规律等。《老子》在这里似乎利用了"道"这一词的双关性，在"行于大道"这一语义之中，同时寄寓了推行、遵循大道之义。后者在第四十一章得到了更明确的表述："上士闻道，勤而行之"。所谓勤而行之，便是指自觉地推行、遵循道，在此，法自然取得了合于道的形式。

人道意义上的自然，在《老子》哲学中往往又与价值领域相联系。在价值观的层面，自然常常被理解为一种与人化相对的存在形态，而法自然则相应地具有保持或回归前文明状态之义。正是在后一意义上，《老子》对人化过程及与之相关的文化形态提出了种种批评："大道废，有仁义；慧智出，有大伪；六亲不和，有孝慈；国家昏乱，有忠臣。"① 从本体论上看，道具有未分化的特点，后者同样体现于价值领域。作为人化过程产物的文明形态，往往有善恶之分、诚伪之别；相对于此，与道为一的自然状态，则是无分别的：以道观之，无论是正面的仁义、慧智、孝慈，抑或负面的大伪、六亲不和，都是人为的结果。两者从不同方面表现了对自然的偏离。在这里，大道已具体化为自然的原则，而文明社会的规范，则被视为对自然原则的否定："大道废，有仁义"便展现了两者的这种紧张关系。

人文与大道、文化与自然的如上紧张，使法自然逻辑地导向了对人化过程及其产物（文化）的疏远，所谓"绝圣弃智，民利百倍；绝仁弃义，民复孝慈；绝巧弃利，盗贼无有"②，便表明了这一立场。作为一般的价值取向，这种立场既体现于个体的人生理想，也渗入普遍的社会模式。在人生理想之域，法

① 老子・第十八章.
② 老子・第十九章.

自然取得了“见素抱朴”[1] 的形式，就社会模式而言，法自然则意味着回归小国寡民的社会形态：“小国寡民，使有什伯之器而不用，使民重死而不远徙。虽有舟舆，无所乘之；虽有甲兵，无所陈之；使人复结绳而用之。甘其食，美其服，安其居，乐其俗。邻国相望，鸡犬之声相闻，民至老死不相往来。”[2] 什伯之器包括广义的工具，结绳而用则与文字的运用相对。在自然状态下，从工具到文字，文化的各种样式似乎都失去了其存在价值。

与自然相辅相成的是无为，《老子》所谓“辅万物之自然，而不敢为”[3] 便肯定了两者的这种联系。如前所述，法自然既以自觉地行道为向度，又意味着向自然状态的回归。前者主要从积极的方面——推行并合于道——展示了法自然的内涵，无为则首先从消极的方面——避免反乎道的行为——表现了类似的趋向。在《老子》看来，人为的过程往往会导致消极的社会后果：“天下多忌讳，而民弥贫；民多利器，国家滋昏；人多伎巧，奇物滋起；法令滋彰，盗贼多有。”[4] 反之，遵循无为的原则，则能达到国泰民安：“我无为而民自化，我好静而民自正，我无事而民自富，我无欲而民自朴。”[5] 在这里，无为与自然是

① 老子·第十九章.
② 老子·第八十章.
③ 老子·第六十四章.
④ 老子·第五十七章.
⑤ 同④.

一致的："功成事遂，百姓皆谓：'我自然'。"①

从无为的原则出发，《老子》要求对"欲"加以限制，所谓"是以圣人欲不欲"② 等等，便表明了此点。这种无欲的主张，在形式上与儒家无疑有类似之处。不过，儒家所理解的欲，首先与感性的欲望相关，而无欲或寡欲也相应地意味着以理性的观念抑制感性的欲望。这里内在地蕴含着某种理性优先的原则，在尔后的理欲之辨中，便明显地表现出这一趋向。较之儒家主要从理欲关系上讨论"欲"，《老子》固然也涉及"欲"的感性之维，但着重将"欲"与有意而为之的人为过程联系起来，后一意义上的"欲"更多地被理解为一种有所为的意向。无人为之欲与顺自然之化往往被视为同一过程的两个方面，也正是在此意义上，《老子》强调"不欲以静，天下将自定"③，亦即将消除人为的冲动，视为达到自然之境的前提。

当然，无为并不是一无所为，《老子》要求"为无为"④，亦意味着将无为本身看作一种特定的"为"。与法自然的要求相联系，以无为的形式表现出来的"为"，首先相对于无视自然之道的人为而言。在第三十七章中，《老子》对无为之"为"做了更具体的解释："道常无为而无不为，侯王若能守之，万物将自

① 老子·第十七章.
② 老子·第六十四章.
③ 老子·第三十七章.
④ 老子·第三章；老子·第六十三章.

化。”在此，无为之“为”（无不为）与万物之自化便具有内在的一致性。不难看出，这种无为之“为”的特点，在于利用对象自身的力量而不加干预，以最终达到人的目的。《老子》以政治领域的实践为例，对此做了说明：“善用人者为之下。是谓不争之德，是谓用人之力，是谓配天，古之极。”[①] 这里的用人之力不仅仅是指善于选用人才，它的主要含义在于利用各种政治势力。高明的当政者并不直接与人相争，而是善于利用各种政治力量的相互作用，以实现自己的政治意图。这一意义上的“无为”，同时便表现为一个合乎自然（配天）的过程。用对象之力而不加干预作为无为之“为”的形式，不仅体现于政治领域，而且构成了“为无为”的一般特点。所谓“事善能，动善时”[②] 便从更广的意义上展示了以上原则：事、动属广义的“为”，而善能、善时都从不同的侧面强调了“为”应当合乎自然（配天）。

《老子》所说的无为之“为”，在某些方面使人联想起黑格尔所谓“理性的机巧”。关于理性的机巧，黑格尔在《小逻辑》中有过如下论述：

> 理性是有机巧的，同时也是有威力的。理性的机巧，一般讲来，表现在一种利用工具的活动里。这种理性的活

① 老子·第六十八章.
② 老子·第八章.

> 动一方面让事物按照它们自己的本性，彼此互相影响，互相削弱，而它自己并不直接干预其过程，但同时却正好实现了它自己的目的。①

在此，理性的机巧具体展现于人的活动，而这种活动首先又表现为一个合规律性的过程：它让对象各按自己的本性相互作用，而不做人为的干预。质言之，一方面，主体在这一过程中并非无所作为，相反，整个过程一开始便引向主体的目的；另一方面，主体又并不违背事物的固有本性而横加干预，这里蕴含的内在观念是合目的性与合规律性的统一。尽管《老子》在总体上更强调法自然、合乎道，但它主张“为无为”，并把无为之“为”理解为利用对象的力量以实现自身的目的，这一意义上的“无为”，无疑近乎理性的机巧。

“为无为”的原则贯彻于治国实践，便要求尊重被统治者的意愿。《老子》在谈到圣人与百姓的关系时，曾指出：“圣人无常心，以百姓心为心。”② 与无为非完全无所作为相一致，无心也并不是无任何意念；但正如无为之“为”并非以人为干预自然过程一样，统治者之有心，并不意味着将自身的意志强加于被统治者：在这里，合乎百姓之心（以百姓心为心）可以看作合乎自然的逻辑引申。以此为前提，《老子》对各种人为的统治

① 黑格尔. 小逻辑. 北京：商务印书馆，1980：394.

② 老子·第四十九章.

方式提出了批评："民不畏死，奈何以死惧之!"[①] "民之饥，以其上食税之多，是以饥。民之难治，以其上之有为，是以难治。"[②] 如此等等。这里显然包含着一种社会批判的趋向。从中国文化尔后的演进看，道家与儒家确实形成了不同的社会批判传统，而道家批判传统的历史源头，则可以追溯到《老子》。就其内在特点而言，由《老子》开其端的这种社会批判，既以自然状态的理想化为前提，并相应地表现出对文明和文化的某种疏离，又以"为无为"为根据，并相应地多少渗入了尊重民意以及宽容和不干预等观念。

自然无为的原则在《老子》哲学中不仅展开于社会领域，而且亦体现于天人之际。在第五章中，我们可以看到如下论述："天地不仁，以万物为刍狗；圣人不仁，以百姓为刍狗。"仁是儒家的核心观念，建立于其上的儒家仁道原则，要求确认人的价值并以人为关切的对象，后来孟子所谓"仁者爱人"[③]，便言简意赅地表明了这一点。与之相对，将人与万物都视为刍狗，则似乎使人的价值失去了存在的根据。《老子》的这一看法无疑表现出以自然原则消解仁道原则的趋向：等观人与物，意味着人与物在自然这一层面并无本质的差别，而人的优先性亦相应

① 老子·第七十四章.
② 老子·第七十五章.
③ 孟子·离娄下.

地不复存在。

然而，如果由此而把《老子》哲学理解为一种反人道的系统，则往往不免失之偏颇。事实上，如前文所述，人的存在始终是《老子》哲学沉思的重要对象。在“四大”之说中，人即被规定为域中“四大”之一。正是以此为出发点，《老子》一再表现出对人的关怀：“是以圣人常善救人，故无弃人”①。并要求“爱民治国”②，与之相联系的是反对战争和暴力：“以道佐人主者，不以兵强天下”③。“兵者，不祥之器，非君子之器。”“夫乐杀人者，则不可以得志于天下矣。”④ 在肯定人（救人）与否定人（杀人）的对峙中，《老子》明确地表明了自己的价值立场。

由以上前提反观以人为刍狗之说，便很难将其列入反人道之列。从其内在逻辑看，视人为刍狗，首先是相对于“仁”而言（所谓“圣人不仁，以百姓为刍狗”）。作为一种价值原则，“仁”既意味着对人的价值的肯定，亦包含着“以人观之”的趋向，在后来儒家对仁道的阐发中，便不难看到这一点。以仁道为原则，儒家往往强调人超越于天地万物这一方面，这里无疑渗入了从自然状态走向文明形态（自然的人化）的要求，但同时也可能导致合目的意义上的“以人观之”压倒合法则意义上

---

① 老子·第二十七章.
② 老子·第十章.
③ 老子·第三十章.
④ 老子·第三十一章.

的“以道观之”。

相对于此，《老子》在天地不仁、圣人不仁的前提下视人为刍狗，似乎要求从“以人观之”回到“以道观之”。不难看出，这里的核心观念是自然的原则：“以道观之”在《老子》那里同时也就是由自然的观点视之，而从自然的规定看，人并不具有对于物的优先性。

对天人关系的如上理解，同时亦内含了对天人统一的确认。对《老子》来说，就本然的形态而言，天地万物与人一开始便是彼此统一的，“道”“朴”“玄同”等等，便从不同的角度肯定了这一点。经过由道而德等过程，往往形成了分化、区分，所谓“朴散则为器”①，亦隐喻了这种转换。但在既分之后，又应向原始的统一回归，这一过程在《老子》那里往往被称为“归根”“复命”：“夫物芸芸，各复归其根。归根曰静，是谓复命。复命曰常，知常曰明”②。这里不仅涉及道与物的关系，而且在广义上指向天人之际。就后一意义（天人之际）而言，天人之间同样应当重建统一，所谓“绝仁弃义”“绝圣弃智”“见素抱朴”等等，都意味着从“仁义”“圣智”等人化形态回归于与自然为一的理想之境。

在合乎自然的思维趋向之后，可以看到某种天人合一的观

① 老子·第二十八章.

② 老子·第十六章.

念。不过，与儒家要求化天性（人的自然之维）为德性（人的社会之维），亦即在自然的人化的基础上达到天与人的统一有所不同，《老子》更多地表现出对自然的认同。如果说，在儒家那里，天与人似乎统一于人化过程，那么，《老子》则要求天与人合一于自然。这里既呈现出对文化创造及其成果的不同态度，又交错着人类中心与自然至上的不同价值取向。《老子》对人化过程和人文价值的批评，当然有其历史的局限，它将自然状态加以理想化，包含着内在的理论偏向。不过，人道原则的过分突出，也往往潜含天（包括人的天性）与人（包括社会规范）的紧张，《老子》所确认的自然原则对于化解如上紧张、抑制"以人观之"对"以道观之"的障蔽，无疑有不可忽视的意义。

四　为学与为道

自然无为作为一般的原则，不仅仅体现于价值之域；在更广的意义上，它亦涉及为道的过程。《老子》对为道与为学做了区分："为学日益，为道日损。损之又损，以至于无为"①。为学是一个经验领域的求知过程，其对象主要限于现象世界与人化世界；为道则指向本体世界，其目标在于把握统一性原理与发展原理。在《老子》看来，经验领域中的为学，是一个知识不断积累（益）的过程，以本体世界为对象的为道，则以解构已

① 老子·第四十八章.

有的经验知识体系（损）为前提，后者构成了无为的另一内涵。

从为道的角度看，无为首先意味着回到事物本身："以身观身，以家观家，以乡观乡，以国观国，以天下观天下。"[①] 身、家、国、天下等，可以表现为现象层面的存在，也可以指身之为身、家之为家、天下之为天下的本质规定。与区分呈现于外的现象和现象之后的存在，并进而追寻万物的统一本原相应，这里的"身""家"等等，主要不是作为外在呈现的现象，而是现象之后的存在；而所谓以身观身、以天下观天下，则要求超越外在的呈现，而深入对象的内在规定，亦即从本体的层面来考察存在。当主体的视域尚停留在现象层面时，他往往自限于为学的过程，唯有从本体的层面切入存在，其思维才具有为道的性质；前者（限定于现象）属主观的人为，后者则顺乎道而无所为。

可以看到，以身观身、以天下观天下旨在回到事物本身，而事物本身又被理解为本体世界。在《老子》的系统中，向本体世界的这种回归，同时表现为一个"日损"的过程。作为"为道"的内在环节，日损所指向的，首先是现象世界。在第五十六章中，我们可以看到如下的论述：

塞其兑，闭其门，挫其锐，解其分，和其光，同其尘，

---

① 老子·第五十四章.

是谓玄同。

“兑”按俞樾之说，当读为“穴”，引申为耳目口鼻等感官[①]；门则泛指面向外部对象的通道。由感官的门户所达到的是现象世界；作为“为学”过程，它所积累的，主要是经验领域的知识。《老子》要求“塞其兑，闭其门”，意味着关闭通向现象世界的门户；它从一个侧面表明，以身观身等并不是从现象的层面把握对象。如果说，回到事物本身（以身观身等）的内在意蕴在于复归本体世界，那么，“塞其兑，闭其门”则将悬置经验领域的知识规定为达到本体世界的前提：从“塞其兑”到“玄同”，体现的正是这样一种逻辑的进展。

“塞其兑”主要相对于现象之域而言，与之相联系的是“绝圣弃智”：“绝圣弃智，民利百倍；绝仁弃义，民复孝慈”[②]。仁义属社会的观念与规范，圣智与仁义并提，主要亦涉及人化世界。如前所述，人化的世界与自然相对，是经过人为的过程而形成的，圣智作为人化过程的产物，也具有人为的性质。唯其人为而非出于自然，故往往不免导致负面的社会后果，所谓

---

① 俞樾．诸子平议：老子平议．北京：中华书局，1954．又，奚侗《老子集解》注曰：“《易·说卦》：‘兑为口’，引申凡有孔窍者皆可云兑。《淮南子·道应训》：‘王者欲久持之，则塞民于兑’。高（诱）注：‘兑，耳目口鼻也。老子曰塞其兑是也’。”

② 老子·第十九章．此句在郭店楚墓竹简的《老子》残篇中表述为：“绝智弃辩，民利百倍；绝巧弃利，盗贼亡有；绝伪弃虑，民复孝慈”，与通行本的主要差异在于没有提及“仁义”。然而，从哲学的层面看，两种表述在含义上并没有根本的区别。详见本书第十九章释义。

“慧智出，有大伪”[①]，便强调了这一点。与人化世界中的圣智相对的，是以知常为内容的“明”：“知常曰明”[②]。知常亦即把握作为统一本原的道，而明则是关于道的智慧。较之人化世界中的圣智，道的智慧具有不同的形态：“我愚人之心也哉！沌沌兮！俗人昭昭，我独昏昏”[③]。此所谓愚，乃大智若愚之愚。世俗的圣智往往长于分辨，昭昭即为一种明辨形态；道的智慧则注重把握统一的整体，沌沌即为合而未分之貌。执着于分辨、智巧，伪与恶等等往往亦随之而产生，达到了道的智慧，则趋向与天地为一之境。正如“塞其兑，闭其门”旨在从现象世界回归本体世界一样，“绝圣弃智”意味着从世俗的圣智走向道的智慧，后者既表现了对人化世界的疏离，亦蕴含着超越对待、追求统一的形上意向。

相对于道的智慧，世俗的圣智似乎处于知性思维的层面。知性思维的特点在于分别地从某一方面或某一层面把握对象，而未能进一步再现对象的整体。尽管它不失为面向存在之思的必要环节，但停留于此，则往往不免明其分殊而昧于统一。为道的过程力图超越对分殊的这种执着，回到统一的道。就其关注整体、追寻统一而言，《老子》的为道确乎有别于昭昭于分殊

① 老子·第十八章.
② 老子·第十六章.
③ 老子·第二十章.

的知性思维。由此进而反观《老子》的绝圣弃智之说，便不难看到，其中既渗入了从人化世界回到自然之境的要求，又以悬置昭昭于分殊的思维定式为指向。

当然，悬置了世俗的圣智，并不意味着道的境界亦将随之而至。在既成的视域与道的境界之间，往往存在某种距离，自觉地意识到这一点，是为道过程的重要方面。《老子》指出：

> 知不知，上①；不知知，病。夫唯病病，是以不病。圣人不病，以其病病，是以不病。②

知不知，即自知无知。如后文将进一步分析的，从实质的内涵看，这里的“不知”主要指对道的无知，但它同时也涉及知与无知的关系。关于知与无知的关系，先秦的另一些哲学家也已注意到。如孔子即指出：“知之为知之，不知为不知，是知也。”③ 按通常的看法，“不知”便是缺乏知识，而在孔子看来，对“不知”这种状态的认识，本身也是一种知。不过，孔子更多地把知与无知的统一视为求知过程的开端：自知无知构成了“知”的出发点。相形之下，《老子》所谓“知不知”，主要突出了为学与为道之间的张力：通过为学而积累经验知识，并不逻辑地导向对道的认识。后文的“不知知”，从反面进一步强调了

① 此句《帛书》甲本、乙本皆作“知不知，尚矣”。
② 老子·第七十一章.
③ 论语·为政.

这一点："不知知"在于忽略了为学与为道的区分，将为学之知等同于为道之知，以致虽对道无知，却仍以为有知。

与知和不知相联系的，是名与言的问题："知者不言，言者不知。"① 按《老子》的看法，作为第一原理的道，并不是言说的对象，所谓"道可道，非常道"② "道常无名"③ "道隐无名"④，便表明了这一点。这里的名与言，首先涉及经验领域。就本然的形态而言，道表现为"无名之朴"⑤，随着由道而德的分化过程，逐渐形成了经验领域的具体对象（"朴散则为器"⑥），名则由此而产生："始制有名。"⑦ 作为朴散而为器的产物，名的作用范围亦有自身的限制："名亦既有，夫亦将知止。知止可以不殆。"⑧ 名与现象领域之"器"的以上联系，决定了它无法把握普遍之道。而从另一角度看，"道常无名"也突出了道超越名言的性质。

概而言之，塞其兑，表明感官的门户无法达到道；绝圣弃智，彰显了世俗的圣智与道的智慧的差异；道常无名，则突出了道与名言之间的距离。道对现象界、经验界与名言界的如上

① 老子·第五十六章.
② 老子·第一章.
③ 老子·第三十二章.
④ 老子·第四十一章.
⑤ 老子·第三十七章.
⑥ 老子·第二十八章.
⑦ 同③.
⑧ 同③.

超越，决定了为道的日损之维：所谓日损，便意味着悬置经验领域的知识、名言系统。

悬置经验、圣智、名言之后，如何走向道？《老子》提出了静观玄览之说：

致虚极，守静笃，万物并作，吾以观复。①

就本体论而言，“复”所表示的是向统一本原的回归，从为道的角度看，“观复”则意味着回到世界本身——本体层面的世界，而这一过程又以虚与静为前提。所谓“致虚极”，也就是剔除已有的认识内容，净化内在的精神世界；守静笃则表现为一种静观反省，两者的统一，又称玄览：“涤除玄览，能无疵乎？”② 这种以悬置日常经验和知识名言为前提的玄览，显然带有直觉活动的特点。

静观玄览是就得道（把握道）的方式而言。广义的为道过程不仅涉及道之“得”，而且关乎道之“达”（对道的表达）。从后一方面看，为道过程又无法割断与名言的联系。如前所述，《老子》曾强调了道的超名言性质（“道常无名”），这里的无名，首先是在“为道日损”的意义上说的，而其中涉及的名言，则主要与日常经验相联系。除了这种日常经验意义上的名言系统

① 老子·第十六章.
② 老子·第十章.

外，还有另一种语言表达方式，所谓“正言若反”[①]，便肯定了这一点。这是一种以否定的形式表现出来的名言表达方式，《老子》常常以此来概述有关道的智慧：“道常无为而无不为”[②]“上德不德，是以有德”[③]“信言不美，美言不信；善者不辩，辩者不善”[④]如此等等。如果说，与道相对的日常名言基本上处于知性的层面，那么，以“正言若反”的形式出现的名言，则似乎带有辩证的性质。

不难看出，《老子》对为学与为道的辨析，主要围绕日常的知识经验与道的智慧而展开。日常的知识经验所指向的是存在于特定时空中的对象（亦即作为“朴”散产物的“器”），它总是分别地把握具体事物或事物的某一方面、某一层面，并以确定的名言概括认识的内容。道的智慧则指向世界的统一性原理和发展原理，它所要把握的不是存在于特定时空中的一个一个具体对象，而是宇宙万物的第一因和人生的最高境界，是贯穿于宇宙人生中无不通、无不由的统一原理。质言之，这里所涉及的，是无条件的、绝对的、无限的东西，它显然很难仅仅通过经验知识的积累来达到，经验知识所把握的始终是有限时空中的对象。从日常知识经验到道的智慧，本质上表现为一种认

① 老子·第七十八章.
② 老子·第三十七章.
③ 老子·第三十八章.
④ 老子·第八十一章.

识的飞跃，而这种飞跃的实现，往往意味着突破日常的逻辑运演模式，其中亦常常渗入了直觉等思维形式的作用。《老子》强调“为道日损”，要求悬置日常的圣智，并以静观玄览为回归道本身的方式，似乎亦注意到了从知识到智慧转换过程的某些特点。

与日常知识经验与道的智慧相联系的，是道与名言的关系。名言的自然形态首先存在于日常经验领域，日常语言是名言的本然形式和原始形态，知识经验与日常的名言往往亦有较为切近的联系，在涉及特定时空中的对象这一点上，两者无疑有一致之处。然而，在把握普遍之道方面，日常名言却有自身的限度：道作为统一性原理或最一般的存在，总是具有超越于特定时空的一面，以特定时空中的具体存在为对象的日常名言，往往难以完全表达道的这种无限性。同时，对统一性原理的把握，并非仅仅以言说为其形式，它总是进而化为主体的境界，并融合于主体之“在”（existence）。从这些方面看，道确乎又有超名言的一面。《老子》认为道不可言说（道可道，非常道），强调“道常无名”，似乎亦有见于此，它在某种意义上以否定的方式，展示了道与日常名言之间的距离。

当然，日常的知识经验与道的智慧、道与名言之间固然存在某种张力，但两者亦并非截然相斥。就知识到智慧的飞跃而言，仅仅通过经验知识的积累诚然难以实现两者的转换，但如果完全离开知识经验，飞跃往往便会导向虚幻的思辨或神秘的体悟。对统一性原理的把握，总是既表现为对日常之思经验的超越，又以知识经验为其出发点并不断地向其回归。《老子》将为学与为道的过程截然加以分割，显然未能注意到这一关系，而它由此渲染静观玄览，也确实带有某种神秘的意味。同时，宇宙万物的第一因和人生的最高境界诚然有超越日常名言的一面，但亦并非完全隔绝于名言；辩证的概念在拒斥静态形式的同时，本身也包含着确定性的要求。《老子》由强调道与日常名言的距离，进而突出正言若反的名言形式，虽然对辩证的思维形式开始有所注意，但似乎未能全面地把握道与名言的关系及名言的确定性。

五　回归本然与守护可能

为学与为道的辨析，着重彰显了道的智慧与经验知识的差异，而在两者的区分之后，则蕴含着超越现象界的意向。现象界存在于特定的时空关系之中，具有既定的、直接呈现的性质，这种既定性使现象界同时表现出已然或既成的特点。

在谈到声、色、味等所构成的世界时，《老子》曾指出："五色令人目盲，五音令人耳聋，五味令人口爽"①。如前所述，这种声色世界既与人化过程相联系，又是显现于外的现象之域，

① 老子·第十二章.

相应于此，《老子》的以上批评不仅表现出以自然拒斥人化的立场，而且亦包含着反对停留和执着于现象之域的意向。现象的呈现与耳目的感知在某种意义上可以看作同一过程的两个方面，两者都具有已然或既成的性质。《老子》在疏离声色世界的同时，又要求塞其兑（关上感官的门户），无疑从双重意义上表现出超越已然或既成之“在”的趋向。

超越已然之“在”，同时也就是超越对象的既成形态。以此为背景，反观《老子》复归于道的要求，便不难看到，其中的内在意蕴之一，即是从已然或既成状态，向作为出发点的本原回归。

在《老子》那里，这种本原也就是道。如前所述，道作为本原，往往被理解为“无”；向道复归，同时亦意味着“复归于无物”。“无”首先相对于具体的“有”而言，“有”总是有某种规定，是此物便非彼物，“无”则无任何具体规定，唯其无具体规定，故可以如此，亦可以如彼；换言之，它包含着无限的发展可能。这样，就其为万物之源而言，道表现为一本然的世界，事实上，对《老子》来说，作为理想状态的自然，同时也就是本然；就其蕴含了不同的发展向度而言，道又展示为一可能的世界。质言之，道的非既成性表现为本然与可能的统一。

就道所蕴含的可能维度而言，从“无”到“有”的衍化（“有生于无”），也可以看作可能的展开过程。《老子》所谓“朴散则为器”[1]，便已隐喻了这一关系：朴即本然之道，其中包含着不同的可能，器则是可能在实现之后所取得的具体形态。不过，在《老子》看来，这一过程往往带有消极的意味，所谓“失道而后德”，亦多少暗示了此点：“德”作为具体规定，是道所内含的各种可能的展开和实现，尽管它亦表现了存在的个体之维，但对于道的统一形态（包括本然与可能的统一），却又似乎破多于立。进而言之，“大道废，有仁义”[2]，仁义作为具体的规范，也可以视为道的分化，但它一旦出现，却同时表现为对统一之道的否定。在这里，可能的展开与存在的既成之维似乎被重合为一：道所内含的可能在展开和实现之后，便立即定格为一种既成形态。《老子》对分化了的人化世界的批评，在某种意义上便以此为其立论的前提。

既成形态的超越与回到原始的可能形态具有内在的关联：既然可能一旦展开便分化和定格为一种已然或既成形态，那么，超越既成的根本途径便是返归原始的可能。由此反观《老子》的“见素抱朴”[3] 说，便不难发现，其中亦包含着某种本体论的意义：守护道所内含的可能。按《老子》之见，如果不能守护住原始的可能而任其展开，往往便会导致事物的衰亡：“物壮则

① 老子·第二十八章.
② 老子·第十八章.
③ 老子·第十九章.

老，是谓不道，不道早已。”① 壮象征着可能的完成形态，而事物的完成同时也意味着走向终结，在《老子》看来这是一个悖乎道（不道）的过程。与之相对，合于道就在于保持事物的未完成形态——可能形态。

返归与守护原始的可能当然并不仅仅体现于物，这一原则同样与人自身的存在相联系。从“物壮则老，是谓不道”的前提出发，《老子》一再将婴儿视为人的理想状态：

> 专气致柔，能婴儿乎?②
>
> 知其雄，守其雌，为天下谿。为天下谿，常德不离，复归于婴儿。③

相对于人的成熟形态，婴儿更多地表现为一种可能的存在：作为人之初，它蕴含了人的全部发展可能。然而，在《老子》看来，可能一旦展开，人便总是被限定于某种既成的形态，并同化于外在的特定文化模式，逐渐由壮而老，失去其内在生命力。《老子》要求复归于婴儿，无疑流露出对自然状态的向往，而其更内在的意向则是保持存在的可能形态。

《老子》对可能之维的关注，很容易使人联想到海德格尔的某些看法。海德格尔考察存在的引人瞩目之处，首先在于将时

① 老子·第三十章.
② 老子·第十章.
③ 老子·第二十八章.

间视为存在的基本规定，海德格尔明确指出："一切存在论问题的中心提法都植根于正确看出的和解说了的时间现象以及它如何植根于这种时间现象。"① 而在时间的诸维中，将来又具有优先的地位："源始而本真的时间性的首要现象是将来。"② 就时间与存在的关系而言，将来往往与存在的可能之维相联系：可能的展开总是指向将来。这样，肯定将来在时间中的优先地位，便意味着突出可能性在人的存在中的意义，在海德格尔的如下论断中，便不难看到这一点："此在总作为它的可能性来存在。"③ 就其反对执着于既定的"有"或"存在者"，并将存在的可能形态视为本然的形态而言，海德格尔与《老子》似乎不无相通之处。

不过，稍加分析便不难注意到，两者对可能的理解又存在着重要的差异。如前所述，《老子》要求从"有"复归于"无"、从人化的存在复归于婴儿状态。就存在的内涵而言，"无"、婴儿意味着无具体规定但又包含各种可能向度；就时间之维而言，这种复归具体表现为从现时向过去的回溯。这样，在《老子》那里，可能似乎主要与过去相联系。相形之下，海德格尔更多地将可能这种存在形态与将来联系起来，并着重突出了可能向将来敞开这一面："只有当此在是将来的，它才能本真地是曾

① 海德格尔．存在与时间．北京：生活·读书·新知三联书店，1987：24.
② 同①390.
③ 同①53.

在。曾在以某种方式源自将来。”① 尽管海德格尔反对把将来仅仅理解为一种尚未来到之在，但它确实又不同于向过去的回溯。

由肯定可能的将来维度，海德格尔进而将筹划引入了存在。作为可能的存在，人不同于既成的、被规定的存在，而具有未定的性质，可能的展开与超越未定形态是同一过程的两个方面。按海德格尔的看法，人一旦被抛掷到世间，便面向着未来，他必须为自己筹划，并通过筹划以塑造自己的未来：“此在是委托给它本身的可能之在。”“此在作为此在一向已经对自己有所筹划。只要此在存在，它就筹划着。”② 这种筹划内在地关联着选择与实现可能的过程，它使可能的“在”成为现实的“在”，而这种选择筹划又贯穿于此在的整个展开过程：“筹划始终关涉到在世的整个展开状态。”③

较之《老子》对可能状态的守护，海德格尔无疑更注重可能的实现过程，前者对应于回溯过去这一时间向度，后者则构成了向将来敞开的具体内容：正是在世过程的筹划活动，使“此在在生存论上向来所是的那种可能之在，有别于空洞的逻辑上的可能性”④。可以看到，在时间的不同侧重（回归过去与敞开将来）之后，是对可能的两种态度。海德格尔以选择、筹划

① 海德格尔. 存在与时间. 北京：生活·读书·新知三联书店，1987：386.

② 同①176，177.

③ 同①178.

④ 同①175.

等方式展开此在内含的可能，既表现了近代哲学家的自信，也在哲学的层面上展示了存在的可能之维与存在的历史性之间的现实联系。

与海德格尔将可能理解为存在的出发点有所不同，《老子》似乎多少把可能本身视为存在的某种终极形态。这种看法在逻辑上与其无为的立场彼此一致。事实上，在《老子》那里，向“无”等可能形态的复归，与无为意义上的静，常常联系在一起，所谓“归根曰静”①，便表明了这一点。然而，从更内在的层面看，《老子》对可能的执着与守护，同时还具有另一重意义。与存在相联系的可能，并不仅仅是一种逻辑上的无矛盾状态，它总是有其现实之源，并构成了发展的内在根据；离开植根于现实的可能，存在便缺乏自性，发展亦将仅仅成为外在的变迁。就此而言，《老子》要求保持与守护以“无”、婴儿状态等形式表现出来的可能，显然又意味着注重存在与发展的内在根据：守护可能，同时也就是守护存在的根据。也正是在同一意义上，《老子》一再强调“深根固柢”②，并以此为达到存在恒久性的必由之道。

从超越存在的既定性，到守护可能，《老子》将存在的考察与时间之维联系起来，展示了对存在、时间、可能以及发展根

① 老子·第十六章.
② 老子·第五十九章.

据等问题的独特视域，尽管其中内含了多重理论限度，但它对存在的切入，无疑又在一定程度上超越了日常在“世”的规定而达到一个较为深刻的层面。与道、天、地、人“四大”之说前后呼应，以上观念同时表现为《老子》形上之思的进一步展开。

六 传世文本与出土文献

就文本而言，《老子》一书的大致形态至少在汉魏时期已经基本完成，今传河上公本（《老子道德经河上公章句》）及王弼本（《老子道德经注》），便表明了这一点。经过两千多年的传承，《老子》的传世文本尽管版本繁多，其中的文字也有差异，但总体内容基本一致，它们构成了我们了解老子思想的主要文献。老子其人的具体情况也许难以完全梳理清楚，但《老子》这一文本的存在，却已成为确凿的历史事实。了解老子的思想，首先需要注目于这些无可怀疑的文献之上。

晚近以来，随着地下考古的进展，又有一些新的文献被发现，与《老子》一书相关的出土文献主要包括 20 世纪 70 年代（1973 年）的长沙马王堆汉墓帛书《老子》（包括甲本与乙本），以及稍后 20 世纪 90 年代（1993 年）的湖北郭店楚墓竹简的《老子》残简，都涉及《老子》一书的不同版本。比较而言，在地下出土文献的《老子》文本中，帛书《老子》虽然也有残缺的内容，但相对更完整一些；郭店楚墓竹简的《老子》则缺失较多。帛书《老子》以及郭店楚墓竹简的《老子》残简作为出土文献，无疑具有重要的参考价值。这些出土文献中一些文字的表述与传世的文本常常互有差异，按照王国维所说的两重证据法（传世文献和地下考古材料的互证），对传世的《老子》文本与出土的《老子》文献加以比勘，既为阅读和理解传世的《老子》文本提供了重要的比较参照，也有助于理解《老子》文本的变迁和不同文本之间的差异。

然而，尽管在文本的层面，古代文献往往涉及传世文本和地下出土文本之间的某些差异，对两者的比较研究也有不可忽视的内在学术价值，但对出土文献的意义，不宜过于夸大。古代文献的流传，以传抄为主，在传抄过程中自然会形成不同的文本，具体到《老子》，可能在战国时已经出现了不同的传抄文本。事实上，帛书《老子》和郭店楚简的《老子》残简，与现在的传世文本便在文字、表述、句式上存在种种差异，在解读时，不宜简单地以文本是否属出土文献为取舍的标准。以《老子》第十六章而言，其中有“夫物芸芸，各复归其根”的表述，然而，该句在郭店楚简残本作“天道员员，各复其堇（根）”①。从语义和逻辑上说，“天道”普遍而为一，本身即为万物存在的

① 本书所引郭店楚简《老子》残本，以《郭店楚墓竹简》（荆门市博物馆．郭店楚墓竹简．北京：文物出版社，1998）为主，以下凡引该简文，不再注明。

根据，作为统一的本原，天道显然无法以“各”复其根来规定，唯有芸芸之物，才有各复其根的问题。以此观之，传世文本的表述（“夫物芸芸，各复归其根”）于义于理显然更为可取。一些作注者对“天道员员，各复其堇（根）”做了种种解释，但多少有曲为之说的趋向，而未能注意其中的实质含义。这一现象同时也表明：把握经典，不能拘泥于出土文献，更不宜有“凡出土文献皆胜于传世文献”的观念，而需要如王国维所言，运用两重证据法，做合理的比较研究。事实上，并不是晚近出土的文本才是最好的，或者说，新出土的文献并非一定优于传世文本。就时间而言，即使出土的文本比传世文本更早一些，但也显然无法被视为最原始的文本：作为出现于一定的历史时期的文本，它本身并不具有开端的性质，从历史的层面推溯，在它之前应有更原初的文本。从内容上说，其表述、义理也不一定是各种可能文本中最上乘的。鉴于以上事实，无条件地将出土文献视为最为完善的文本，显然既是非历史的，也缺乏充分的理性依据。

另外，这里需要关注的实质问题是，在众多的文本中，为什么单单是现在看到的传世文本得以在后世流传？最初，不同的版本本来具有大致同等的流传机会，为什么其他文本逐渐佚失或被淘汰，而唯有现在看到的传世文本被保留并流传下来？这里当然有很多的复杂因素，也不能排除某些偶然的缘由，但其中体现的义理与表述方面的优胜之异，显然是不可忽视的方面。这种情形类似思想史中经典的生成和传承。历史上曾出现过众多的著述或表达不同思想的文本，但后来成为经典、在历史上真正流传下来的，仅仅只是其中有限的一部分，为什么历史上出现的众多文献被历史遗忘而未能保留下来？这当然也有很多原因，但其中的重要缘由显然在于这些著作所包含的思想原创性不同：只有真正具有创造性的思想作品，才可能作为经典而被接受并流传下来。与此类似，同一著作的不同文本之所以仅仅是其中某一种文本得以流传，也有其思想史的内在原因，而不能完全归之于外在的缘由。与经典一样，这里同样体现了一种历史的选择。

更为重要的是，撇开各种文本的优劣比较而从它们在思想史演化中的实际作用和实际影响看，其中也存在实质的差异。同一文献，也许地下发现的文本在某些表述方面较传世文本更完善，但即使如此，在两千多年的思想演化过程中，由于长期被湮没于地下，它们并没有对思想的发展过程产生任何实际的影响。这就如同矿产，很多矿藏资源被埋在某一个地域中，它可能很有潜在的经济价值，但在开采之前，这些矿产所具有的经济价值却无法实际地显现出来。就思想史的演化而言，实际发生影响的恰恰是那些传世文本；思想史演化的现实过程，也是通过这些传世文献的影响、传承而展开，而不是以长期湮没于地下、在被发现之前没有对思想的演进产生现实影响的某些文本为其发展依据。然而，每当新的出土材料发现后，常常便会出现重写学术史、重写思想史之类的主张，这种要求和观念显然未能充分注意以上历史事实。从实质的层面看，基于在历史中没有产生任何实质影响的文本“重写”思想史，无疑既失去了思想史的本来意义，也难以撰就真实的思想史。

要而言之，一方面应充分注重出土文献所具有的学术价值，另一方面也需要回到思想的实际衍化过程，避免不适当地赋予出土文献并不具有的意义。本书对老子思想的诠释，以传世文本（首先是王弼的《老子道德经注》）为主，同时兼重传世文本与出土文本、不同的传世文本之间的比较。在具体的文本释义中，以其中哲学意义的阐发为主要关注之点，实证层面的文献和文字考释则从简。

目　录

第一章

原文：

道可道，非常道；名可名，非常名。无，名天地之始；有，名万物之母。故常无，欲以观其妙；常有，欲以观其徼。此两者，同出而异名，同谓之玄，玄之又玄，众妙之门。

释义：

老子首先开宗明义提出并阐释了“道”的概念。从宽泛的意义上看，中国哲学中的“道”既涉及存在的法则，又关乎存在的方式，两者难以分离。这里所说的“道”，也包含以上两重含义。“道可道，非常道；名可名，非常名”，其中包含“常道”与“可道”之道、“常名”与“可名”之名的区分。“常道”也就是表现为存在原理的道，作为存在法则与存在方式的统一，其实质的内涵不同于“可道”之道。与“常道”相对的“可道”之道，也有两重含义：它既关乎言说，也在引申的层面蕴含引导之义。前者（言说）涉及言语的运用，《诗经》中有“中冓之言，不可道也”①，其中的“道”即表示言说；后者（引导）与规范性相联系：在先秦，“道”与“导”相通，常常在规范的意义上被使用。孔子曾说：“道之以政，齐之以刑，民免而无耻；道之以德，齐之以礼，有耻且格。”② 其中的“道”便以“导”为实际所指。按老子的理解，作为存在法则和存在方式，“道”既无法用一般的语言或概念来加以表述，也不具有引导日常行动的特定规范意义。“道”固然具有普遍的引导性意义或规范性意义，但这样的规范不同于日常生活或日用常行过程中所遵循的特定规则，“可道”之道主要涉及日常活动中特定的行动规则，“常道”作为普遍的原理则与之不同。正是在以上两重意义上，老子强调“道可道，非常道”。同样，老子对“常名”和“可名”之名也做了区分。中国哲学中所说的“名”，既指语言，也意谓概念。按老子的理解，“常名”以“常道”为内容，日常生活中运用的“名”，则不同于这一意义的“常名”。

作为日常地标识对象、表述事物、进行交流的手段，“可

---

① 诗·鄘风·墙有茨.

② 论语·为政.

名”之名首先带有“分”的性质：以名称指称具体事物，意味着将该物与其他事物区分开来。世界本来处于统一的、混沌的状态，当我们用不同的名称去表示其中相关对象的时候，事物就被分门别类地区分开来。这种以“分”为指向的“名”无法把握作为最高原理的“道”。从逻辑的角度看，道作为统一的大全是其大无外的，一旦用名去加以指称，则大全之外尚有名，从而就不再是真正意义上的大全了。《庄子》后来对此做了具体的论证：“一与言为二，二与一为三，自此以往，巧历不能得，而况其凡乎？”① 在《庄子》看来，对整体的言说，总是难以避免逻辑的悖论。整体一旦被言说，便发生“说”与“所说”的关系：一方面，言说与被言说的整体彼此对待；另一方面，被言说的整体又无法将与之相对的言说纳入自身，在以上两种情况下都难以达到完全的整体性。

“无名天地之始；有名万物之母”，可以有两种断句的方式：其一，“无，名天地之始；有，名万物之母”，王安石等即以此为断②；其二，“无名，天地之始；有名，万物之母”。这两种断句在文法结构上无疑存在分别，但是从实质的含义来看，并没有根本的差异。从文法结构上说，以“无”“有”为断，其中的“名”作动词用，而在“无名”“有名”为断的情况下，其中的

① 庄子·齐物论.

② 容肇祖. 王安石老子注辑本. 北京：中华书局，1979：1.

“名”则是名词。从实质含义来看，以“无”来表述“道”和以“无名”来表示“道”，则具有相近的意义指向：它们所指称的，乃是同一对象。“有”与“有名”的情况，也与之类似。

“无”与“道”之间究竟呈现何种关系？为什么需要以“无”表示“道”？按老子的看法，“道”作为第一原理，无论表现为存在的法则，抑或存在的方式，本身没有任何规定性：它与经验世界中的具体对象，如树木、花草、房屋等不同，后者都有特定的属性或规定，如颜色、形态、重量等等，“道”则与之相异，不具有这一类属性和规定，在此，“无”主要便表示“道”无特定规定这一品格。王弼曾对此做了如下解释：“若温也则不能凉矣，宫也则不能商矣。”“无形无名者，万物之宗也，不温不凉，不宫不商。”① 温、凉表示物的不同属性，宫、商则是彼此分别的音阶，这些规定彼此相分，道则“无”这一类特定的规定，故可作为世界统一的根据。比较而言，“有”可以理解为“道”的具体体现，在老子那里，这一意义上的“有”同时与“德”相联系。在先秦时期，“德”与“得”具有同义性，《管子》所谓“德者，得也”②，便表明了这一点。从“道”与“德”的关联看，“德”即从“道”那里有所“得”，“道”与“德”的这种关联，对应于“有”与“无”的关系。从“道”那

---

① 王弼．老子指略//王弼集校释．北京：中华书局，1980：195.

② 管子·心术上.

里之所得，具体化为某种存在形态，这就是“德”。王弼后来也指出了这一点：“何以得德？由乎道也。”[①] 相对于本来没有具体规定的“道”而言，“德”展开为多样的规定性，此规定性同时表现为不同的“有”。“有”所规定的万物既与“无”具体规定性的道彼此相异，又最终源于后者。

“无，名天地之始”或“无名，天地之始”，其中的“无”或“无名”指没有任何规定的“道”，“天地之始”，帛书《老子》甲本与乙本皆作“万物之始”[②]，表述虽有差异，所指则无根本不同：“天地”或“万物”虽有侧重相关性与兼涉多样性之别，但都可以理解为整个存在。事实上，在中国哲学中，“天地”和“万物”常常泛指广义的世界，所谓“天地之始”或“万物之始”，在此即表示世界的终极根源。比较而言，“有，名万物之母”或“有名，万物之母”中的“万物”主要突出了存在的多样性之维，并关乎经验世界中所见的千差万别、形态各异的具体对象。从经验世界来说，一个具体事物总是由另一个具体事物所构成，经验世界中的每个具体对象追溯起来，都有其产生的特定根源，相对于“无”任何规定性的“道”之为世界的统一本原，作为众多特定对象不同根据的“有”，更多地表

① 王弼．老子道德经注：第三十八章∥王弼集校释．北京：中华书局，1980：93．

② 本书所引帛书《老子》，主要以高明所撰《帛书〈老子〉校注》（高明．帛书《老子》校注．北京：中华书局，1996）为主，以下凡引帛书《老子》，不再注明。

现为事物的多样之源。

一般说来，“母”隐喻着某种生成关系，在日常用语中，“母”通常指“子”的生成本原：谈到“母”，总是隐含着生成之义。与之相近，“始”表示某种开端，这种开端既有本原之义，也具有生成性。以“母”“始”表示的生成性，在某种意义上体现了宇宙论的观念。宇宙论往往讨论宇宙的开端、起源，宇宙的演化过程，以及宇宙的具体构成等等。比较而言，本体论并不涉及时间意义上的起源、开端，它更多地从何物存在、如何存在、什么是存在的根据等方面讨论存在的问题。在老子那里，“无”或“道”既指存在的根据，又指存在的开端，“有”则构成具体对象之母，就此而言，本体论和宇宙论似乎彼此纠缠。引申而言，在中国的哲学传统中，本体论和宇宙论一开始并非界限分明，它们更多地呈现相互交错的形态。

“故常无欲以观其妙，常有欲以观其徼”，此句的断句也可有两种：其一，“故常无，欲以观其妙；常有，欲以观其徼”；其二，“故常无欲，以观其妙；常有欲，以观其徼”。从语法上看，这两种句读都可读通，但帛书《老子》甲本与乙本此句作“恒无欲也以观其妙，恒有欲也以观其徼”，依此，则帛书《老子》乃是以“无欲”“有欲”为断。

这里的“观”与日常看问题或考察事物意义上的“看”相关联：“观”所引向的是审视、考察。与此相联系，“常无欲”

意味着从“无欲”的视野出发观察这个世界。一般而言，看问题、考察事物总是从具体的视野出发，“常无欲”便提供了这样的视域：它表现为站在“无欲”这一角度去看待世界。此所谓“无欲”，主要指消解个体的主观意向以及与之相关的个体成见，以此为考察世界的前提。在去除和消解的意义上，这里的“无欲”与后面第四十八章“为道日损”中的“日损”相通。与之相对，“常有欲”则是从个体的内在意向出发观察事物。这两种“观”法所引出的结论，也彼此相异。从“无欲”的视野出发，所把握到的是世界之“妙”，这一意义上的“妙”在中国哲学中常常与变动不居、神秘莫测、隐而不现等联系在一起，“观其妙”即从“无欲”的角度来考察隐而不现的世界。与之相对，从“有欲”的视野出发，所把握到的是世界之“徼”，这一意义上的“徼”，与“显”或显现于外相关。在中国哲学中，隐和显涉及存在的不同形态。“隐”意味着不可见，“显”则表现为可见：所谓“徼”，也就是明白地显现在外面，可以为人所见。

以上方面都与人的视觉相联系。“无欲”与道本身之“无”的品格相关，后者表示没有任何规定性，从“无欲”这一视角来看，存在不可见。“有欲”与世界之“有”相联系，后者进一步涉及事物本身的多样规定，从“有欲”这一视域看，则万物呈现为千差万别的可见现象。在此，老子把世界的呈现形态和“观”联系在一起；“观”的不同方式，蕴含着把握世界的不同方式，世界的呈现形态，则相应于人对世界的不同之“观”。这一看法注意到世界以什么样的形态呈现，与人以什么方式观察世界难以相分。

由此，老子进一步将“无欲”所涉及的“无”和“有欲”所关涉的“有”与“道”联系起来。“同出而异名”中的“同出”，意即追本溯源，“无”和“有”都源于“道”或以“道”为本。“异名”的直接含义是名称不同，其蕴含之义则是“道”具有不同的呈现或表现方式：“无”表现了“道”没有任何规定或最为本原意义上的呈现方式；“有”则是“道”在化为“德”，从而有了具体规定之后所呈现出的具体形态，两者最后都可以追溯到“道”，此即所谓“同出而异名”。

从终极的层面看，老子要求从“无”的视域来看：在他那里，“以道观之”与“以无观之”彼此相通。对老子而言，世界的真实形态更多地呈现“不显现”或隐而不显的性质，当“道”以“无”或无规定作为其存在方式的时候，它所体现出来的更多的是一种隐而不显的形态。“隐而不显”从一定意义上看也呈现出存在问题的深沉性。“有”已经有了具体规定或具体呈现方式，所以它更多地表现为一种显现性、显明性。在“有”这样一种状态之下，万物敞开出来，都明亮地显现在外。这样，按照老子的理解，存在表现为两种不同的方式，其一是隐而不显，以“无”为状态；其二是显现在外，展开于经验世界中，能够被看到、被听到，总之，能为感官所把握。“明”“暗”和“显”“隐”常常是哲学家们喜欢用来隐喻、表述存在的方式，其意义在于表明存在可以具有不同的呈现方式，在老子那里也可以一再看到这一类表述。当然，不管是“有”，还是“无”，都是“道”的存在方式，两者“同出”而“异名”。“同”关联“玄”，但“玄”呈现为一种混沌的性质，“同”则更多地指自我同一的状态。从本然或原初的存在形态来看，“道”或“无”本身常常表现出一种未分化的形态。“玄”的原意是黑而带赤，引申为深不可测，在老子这里同时表示浑然无分。“玄之又玄，众妙之门”表明：如果追溯存在最原始的存在方式，最后便可以达到玄而分化的形态。老子在讲作为存在之本原的“道”时，常常比较多地强调其自我同一、尚未分化这一维度，“玄”与“同”相结合，便以形象化的方式展现了“道”的未分化或自我同一形态。在没有任何规定的本然形态中，“道”所体现的即是这种自我同一的玄混存在方式。后来庄子以“浑沌”① 隐喻道，其思路与老子前后相承。浑沌意味着未分化，一旦分化，浑沌就不复存在了。“玄之又玄，众妙之门”，表现为完全自我同一、没有任何分化的形态，后者又被视为世界的终极之源。

要而言之，日常的名和言具有“分”的功能：以某一名去指称某一对象，意味着把该名所指称的对象与其他对象区分开

① 庄子·应帝王．浑沌，同“混沌”。

来。比较而言，“道”首先是大全，它自我同一，没有分化，一旦以“名”去分而别之，“道”便失去了其本然形态。这是从“道”与“名”的关系来看的。“道”同时具有规范的意义，但这种规范又不同于实践过程中具体的操作规则或规程：规则本来带有限定性，规定什么应该做、应该如何做，这种规定容易被凝固化。“道”则超越了这种限定，其规范意义更多地以出神入化、灵活应变的形式表现出来，后者不同于具体规则的作用方式。王弼在注老子时曾指出：“道泛滥无所不适，可左右上下周旋而用，则无所不至也。”① 这一看法也涉及道的以上特点。同时，老子又从“无”和“有”两个层面来阐发“道”的具体含义，并将人“观”世界的方式与世界本身的呈现形态联系起来，肯定两者难以分离。

从哲学思维的发展来看，在老子之前，中国哲学已经有“阴阳”“五行”的观念，阴阳涉及变化运动的根源，五行关乎世界的构成质料，两者都与具体的存在形态相联系。比较而言，“道”已超越了特定的质料以及具体的变化方式，涉及世界更普遍的层面。阴阳和五行在相当意义上还与质料及特定的存在形态纠缠在一起，相对于此，“道”已从具体质料中抽象出来，表现为新的理论提升，以此考察世界，有助于更好地理解经验现象及其根源。

---

① 王弼．老子道德经注：第三十四章//王弼集校释．北京：中华书局，1980：86.

第二章

原文：

天下皆知美之为美，斯恶已。皆知善之为善，斯不善已。故有无相生，难易相成，长短相较，高下相倾，音声相和，前后相随。是以圣人处无为之事，行不言之教；万物作焉而不辞，生而不有，为而不恃，功成而弗居。夫惟弗居，是以不去。

释义：

这里首先提到文明发展过程中的若干背反现象。从人类社会演化的过程来看，最初人乃是处于前文明状态或自然状态之下，此时并不存在美丑、善恶之分，一切都以本然的形态存在。这种状况，可以视为第一章中所说的“同”“玄”在社会领域的体现。随着文明的发展，开始逐渐出现诸如美和丑、善和恶等区分，在老子看来，这种区分是随着文明的演进而产生的，表现为文明的某种伴随物。

具体而言，文明发展到一定的时期，总是会形成普遍的价值判断标准，这些标准出现之后，往往引发人们迎合这些标准，并努力使自己的言行与之相合，以博得美名，这一过程在相当意义上表现为有意而为之，它与自然无为彼此相对。当人人都知道美的东西为美的原因时，美就可能向相反的方向发展。这一看法涉及老子对美的理解。按老子之见，美应该是本然或自然的，其中没有任何人为的矫饰，如后来庄子所说，“天地有大美而不言”[①]，自然本身就是美的，一旦有意造作、刻意而为，那就引向人为矫饰或外在模仿，美则由此失去了自然的形态。

另外，从艺术创作的层面看，随着文明的发展，美之为美的评判标准逐渐确定，由此，人们往往会按通常所理解和接受的审美规范去刻意地合乎这一类标准。审美标准一旦引入社会艺术领域，人们也容易模仿、效法一定时代所流行的样式。天才艺术家创作的艺术品总是以创作冲动的形式体现了艺术家自身的率真之性和想象力，其中包含天性的自然流露，而仿效则完全是人为的依照，这与原始的创作之美意义颇为不同。老子认为“天下皆知美之为美，斯恶已”，也包含原创与仿效之别。

---

① 庄子·知北游.

这里所表达的看法与第三章中所说的“为无为”相呼应，刻意仿效是有意而为之，在审美领域中这种行为方式往往会破坏本然之美。质言之，对美的准则或规范的这种人为迎合，常常使美导向自身的对立面——丑，这种现象，也就是老子所说的“天下皆知美之为美，斯恶（丑）已”。在这里，美和丑之间的界限并非凝固不变，而是呈现为相互转化的关系。

同样，善和不善之间的关系也是如此。此所谓“善”，首先指道德意义上的人格善、行为善等等，这一意义上的善也是随着文明的发展而逐渐出现的：凡是合乎某种规范的行为和品格，通常便被认为是善的；与这种规范相对立的行为和品格，则被视为恶。然而，当善的规范确立之后，也容易导致刻意地迎合这种外在的规范，这也就是后来孔子所说的“为人”。孔子曾区分了“为人”和“为己”，“为己”固然也遵循某种规范，但它旨在自我实现、自我提升；与之相对，“为人”则是为了获得外在的赞誉而刻意地使自己合乎某种普遍规范，其特点在于迎合他人的评判或外在的社会舆论。老子说的“善”和“不善”与上述论域中的“为人”和“为己”具有相关性。一旦知道了普遍的社会评价准则，即合乎什么样的规范会被视为善、背离什么样的规范将被看作不善，人们就会有意地迎合这一类规范，以便获得社会或他人的赞誉。然而，这样一来，真诚意义上的“善”便失去了：在刻意的迎合之下，本来应该是自然而诚

（善）的品格，便每每可能转化为其相反的方面——“伪善”。按其实质，“伪善”显然是对善的否定，老子说“皆知善之为善，斯不善已”，便就此而言。“善”和“不善”的以上分化，本身也是随着文明的发展而产生的现象，这两者同样不是固定不变，而是可以相互转化。

引申而言，不同事物或相反之物的相互转换，不仅存在于社会价值的领域，而且普遍地发生于自然之域。本章后面提到了“有无”“难易”“长短”“高下”“音声”等等，这都是人们经常注意到的自然现象，在老子看来，一方面，不同的对象是相比较而存在，“有无”“难易”“长短”“高下”，都表现为彼此对照的关系；另一方面，它们又可以相互转化，“难”可以转化成“易”，“长”可以转化成“短”，“高”可以转化成“下”，反之亦然。这是从普遍的层面，概述彼此对立的现象之间的关系。

当然，如果做进一步考察，则可注意到，老子固然有见于美和恶、善和不善等等可以相互转换，但似乎对转换的条件性这一点没有给予充分关注。事实上，自然之美乃是在刻意仿效、违背了审美规律要求的情况之下，才会转换为恶（丑），“东施效颦”即是典型的例子。同样，不顾对象本身的内在的根据，一味地从自己的主观意愿或功利目的出发，则善的意图便可能转换成不善的结果。与之类似，缺乏内在的为善意愿，仅仅为了获得外在赞誉而迎合某种规范，则本然之善便会向“伪善”

转换。在此，美之向丑转化、善之向不善转化，都基于一定的条件。如果无条件地断定一旦“天下皆知美之为美”，美就将变成恶，或抽象地认为“皆知善之为善”，善便必然化作不善，显然容易导向相对主义。

本章最后又回到了社会领域。从这一章的整体思路来看，先是分析观察社会领域中的价值形态，而后延伸到更广的自然对象，最后又返归社会领域。从逻辑上来说，“是以圣人处无为之事”中的“是以”，是从前面的讨论中引出的结论，有的诠释者认为“是以”这两个字是后来加上去的，这一说法从文献上看似乎缺乏充分的根据。尽管在形式上，此句及后面的论述主要讲如何治国，前面则论善恶、美丑的关系以及更普遍意义上对立面之间的比较和转化，两者似乎没有十分直接的关系，但如果做进一步的分析，则可注意到两者之间事实上存在逻辑上的关联。前面主要指出了对立面之间的相互转化是普遍的现象，并列举了若干方面，以此隐喻社会之中对立双方相互转化同样是普遍的现象。从实践领域的行为方式来看，人往往追求有所作为，提出不同的价值目标，通过有意而为之的行动过程以达到这种目标，这种行为的最后目的所指向的，乃是社会领域中的成功：达到相关的目标，便意味着成功。然而，根据老子前面的分析，成功和不成功同样也可以相互转化，执着于某种目的、刻意地追求相应的成功形态，往往会转向其反面。在老子看来，最合适的方法是“处无为之事”，这种行为方式在第三章中又被称“为无为”：它固然也是“为”，但这种“为”乃是特定的“为”，其特点在于以“无为”的方式来展开。具体而言，“处无为之事”或“为无为”意味着人的行为方式完全合乎自然之道或自然法则，具有合法则性。对老子而言，行为的目的必须与自然之道相一致，合目的与合法则不能彼此分离。

与“处无为之事”相联系的是“行不言之教”。从社会教化的角度看，治国过程总是既涉及体制层面的治理方式、治理程序，又关乎价值取向上引导一般民众的问题。所谓“行不言之教”，主要是指不单纯地以言语说教的方式去教化民众，而是更多地诉诸示范等作用。“不言之教”也就是“无言之教”，它不同于以外在灌输的方式教导民众，而是通过自身的言行为民众提供某种榜样、示范的作用，在老子看来，这是更为合理的引导方式。这种方式也可以看作“无为”的原则在社会领域中的引申：从治国的过程看，“无为”以合乎自然法则为指向；就如何引导民众而言，“无为”则不同于外在的教化，而是以榜样、示范的方式来影响民众。

作为本章的核心，“无为”观念的内在含义在于合乎自然。前面提到的善恶之分、美丑之别以及它们之间的相互转化，蕴含着文明社会的进步并不仅仅带来正面的结果，相反，它常常伴随着某种负面的效应：随着美丑的分化，审美意义上的自然之美可能丧失；相应于善和不善界限的确认，则是各种伪善现象的出现。从治国的方式来看，在文明已经发展的前提下，重要的是遵循自然之道。言辞说教、有意为之都与自然相对，应当加以超越。可以看到，尽管形式上前后所述似乎没有什么直接联系，但进一步的分析则表明，其中包含一以贯之的观念。

第三章

原文：

不尚贤，使民不争；不贵难得之货，使民不为盗；不见可欲，使民心不乱。是以圣人之治，虚其心，实其腹；弱其志，强其骨。常使民无知无欲，使夫智者不敢为也。为无为，则无不治。

释义：

这里所说的“贤”“货”，等等，与前面提到的美与善相关，都是文明社会中的不同存在形态。“贤”更多地与“名”相联系，“尚贤”即标榜“才”和“德”，其具体内容则关乎所谓“名声”“名望”。当社会尊崇、标榜这些名声和名望时，人们便会争相显示与之相关的美德或“良好”品格，以获得社会肯定。所谓“争名于朝”，从根源上说，就是因为社会上存在并倡导“尚贤”这一类价值取向，由此，一般民众便会起而效之，务求获得此类名声和名望。“货”更多地与利相联系，涉及具体的利益问题，“难得之货”也就是被奉为不易获得的财物。本来，从物质构成来说，它们也许不过是普普通通的东西，如果将其还原为自然对象，实际上并无特别之处。然而，一旦被赋予某种特殊价值，则这种东西便会成为人们追逐的目标。在文明的社会形态中，某些东西确实被看成特别贵重的对象，因其稀有、名贵，人们往往务求得之，有时甚至铤而走险，以盗或抢的方式去获得。从这一意义上说，以“难得之货”为贵，实际上构成了盗、抢行为出现的内在根源。争名于朝、争利于市，是文明社会的常见现象，老子在此将“名”和“利”的分析与“争”和“盗”根源的追溯联系起来，从一个方面考察了文明发展的过程。

“不见可欲，使民心不乱”，涉及如何从本原上根绝社会上纷争、抢夺等现象。这里的“见”即“现”，有显现之义。“可欲”意味着欲望的发生，如果这个世界不再呈现可能引发人们欲望之物，那么，人们也就不会为了获得这种对象而争抢、偷盗。这样，杜绝争、盗的根本途径，便是不再让“可欲”之物呈现于世：没有可欲之物，也就没有欲求之念；无欲求之念，便不会发生争抢、偷盗这一类行为。从经济学的角度来看，生产和需要之间往往存在相互转化的关系，生产常常由需要所推动，而新的东西产生之后，又会引发新的需要。可欲与欲求的关系，也与之类似：某种可欲之物的存在，往往会刺激人们形成某种欲望，根绝了可欲之物，则与之相关的欲求之念也将随之消失。

如何做到以上方面？老子在本章后续的讨论中，进一步从心和身的关系对此加以考察。“虚其心，实其腹”，涉及“心”与“身”的关系。“心”属于精神和观念的层面，“腹”则更多地关乎人之身或人的生命存在。这里所说的“虚其心”，与后来庄子所说的“心斋”“坐忘”有相通之处，其要义在于净化人们通过教育、外界影响等而形成的各种世俗观念，包括排除世俗之智。“可欲”和“欲求”与人们在外界的影响下所形成的观念相联系，世俗之智常常使“名”和“利”成为普遍接受的价值形态，这种“名”和“利”又进一步扰乱人们的精神世界，使之形成多方面的欲求。唯有“虚其心”，才能排除世俗之智的影响。“实其腹”则意味着由关注文明社会所形成的各种观念，转向关切人的生命存在。对老子而言，生命存在具有自然的形态，也包含更高的价值。

“心”作为观念性的存在形态首先与文明的发展相联系，“身”作为自然的存在则更多地与前文明发展相关联。在“心”

之中的文明观念形成之前，“身”已经存在，就自然的层面而言，“身”具有本原的意义。从这一角度看，“虚其心，实其腹”，意味着自然之“身”对文明之“心”的优先性。后面“弱其志，强其骨”，可以视为对这一点的进一步引申。“志”作为志向，常常与欲望相联系，在志之所向的过程中，总是伴随着意向和意欲，“弱其志”也就是将这种与意向和意欲相关的志向加以减弱。“骨”与“身”相联系，指向自然的生命力量，“强其骨”意味着将“身”所体现的生命力量放在更为重要的地位。对老子来说，正如自然对文明而言具有更优先的地位一样，生命存在较之意向和意欲具有更本原的意义。

后面“使民无知无欲”的具体含义，与“不尚贤”“虚其心”等相联系，趋向于消除与“尚贤”“可欲”联系在一起的世俗之智、世俗的观念、世俗的欲求，而并非绝对地排除一切观念。治人者往往以人们的名利之心为工具，以此来驾驭、支配、操纵民众，如果消除了民众的好名和好利之心，则这种控制也就失去了前提。与之相关的是“为无为，则无不治”。其中的“为无为”与第二章中提到的“处无为之事”相通，如前所述，这是以“无为”的方式展开的特定之“为”，其特点在于合乎自然法则、超乎文明价值所引导的名利追求。在老子看来，治国治民的过程，也应当体现这一进路。“使民无知无欲”与“虚其心，实其腹”相联系，往往容易被理解为所谓愚民之学，然而，从以上分析中不难看到，这里的内在意义在于，以具体的方式将自然原则提到更为突出的位置，并以自然的原则扬弃以名利为内容的世俗追求。

在本体论上，老子把“道”作为世界的第一原理，在价值论上，他则突出了自然原则，“道”和自然本来具有相通性，但两者的侧重之点有所不同：“道”更多地关乎存在的法则和存在的方式；“自然原则”则从价值意义上，展现了与文明的形态不同的价值关切，“使民无知无欲”便体现这一以自然为指向的价值原则。事实上，在批评追名逐利的价值取向之后，已蕴含对自然原则的肯定，以上观念则进一步突出这一原则。

当然，从历史的角度看，尽管老子主要侧重于自然原则，但上述看法也隐含导向愚民之学的可能性，或者说，可以被引向相近的发展过程。在道家思想尔后的演化过程中，不难看到这一趋向。事实上，老子批评文明的发展，赞美自然的状态，在某种意义上确乎与开民智的要求疏离。从总体上看，这里需要避免两重偏向：或者简单地认为老子提倡愚民之学，或者完全否认自然观念蕴含的消极内涵。前者容易将问题过于简单化，使之无法把握相关思想背后更为深层的意义；后者则可能导致忽视内在于其中的另一重逻辑与历史意蕴。

第四章

原文：

道冲而用之或不盈。渊兮似万物之宗。挫其锐，解其纷，和其光，同其尘。湛兮似或存，吾不知谁之子也，象帝之先。

释义：

本章从不同方面，对“道”做了进一步的规定和描述。

这里首先提到“道”相对于有形之物所具有的品格。“道冲”之“冲”有“空”或空虚的意思，“空”与具体的形态、有形的对象不同，可以理解为无形；“道”作为本原性存在，具有无形的特点。“用之或不盈”中的“不盈”，本来表示永远不会充满，这里隐喻着“无限”以及后面提到的

"渊"、"湛"[①]，等等。从不同的侧面描述"道"所具有的超越感性以及无限、无形的品格。"道"本身既有别于有形之物，也不同于日常对象，借助以上表述，作者对此做了具体而形象的说明。

需要注意的是，这里还谈到"用"或"用之"。从宽泛的意义上说，"用"可以指"用以"构成；"用"也可与"按照法则"而展开的行动联系在一起。当老子以"用"来说明"道"时，也相应暗示了他所理解的"道"具有两重性质：一方面，"道"是构成万物的本原；另一方面，"道"又是应当遵循的法则，"用之"意味着运用道而展开相关行动，以实现人的目的。前一意义的"道"与"是何"相关，包含某种实体的意味；后一意义的"道"，则与"如何"（如何做）的法则相联系。

关于此章中的"挫其锐，解其纷，和其光，同其尘"，一些注家往往将其理解为错简，认为这是后来掺入的。从语义以及与前后语句的关系上看，这几句似乎与前面所谈内容没有直接的逻辑关系。但这并不是说，它与本章没有关系。从总体上看，本章讨论"道"的性质，包括"道"的各种规定性、特点，从这一角度看，此处与整章主题显然具有相关性和一致性。前面提到，"道"在《老子》中可指本原意义上的存在，这一意义上的"道"主要表现为万物的终极之"本根"，即"无"；"道"也

① 《说文解字》："湛，没也。""没"意味着沉隐而不可见。

可以体现在“得”之于“道”的具体事物之上，后者也就是千差万别的“有”。从“道”的存在方式看，此处无疑可以获得比较具体的理解。就“道”的具体体现形态（“有”）而言，所谓“挫其锐，解其纷，和其光，同其尘”意味着将“道”在“有”之中的各种规定性加以消除，回到没有分别的、自我同一的形态，后者与第一章中提及的“玄之又玄”的形态具有一致性。对老子来说，在经验世界中，人们所能接触到的作为“道”的多样体现的存在形态，并不具有终极性，“道”的终极形态是没有任何规定性的自我同一的形态。从“道”的品格来看，“挫其锐，解其纷，和其光，同其尘”着重突出的是“道”的以上特点。前面“不盈”“渊”等不同的表述，已从不同的角度指出了“道”所包含的超越感性的性质，以及它所具有的无限性的特点，不过，这些表述更多地运用了隐喻的方式。“挫其锐，解其纷，和其光，同其尘”更直接地通过消解“道”的特定规定，确认了“道”自我同一、“玄之又玄”的形态，其特点是没有任何分别，完全自我统一。

本章最后提出：“吾不知谁之子也，象帝之先。”此处的“谁之子”，王弼以“天帝”作解，王安石则释之为“生物之主”，两者没有太多实质性的差别。事实上，这里主要是指出，“道”作为万物的终极本原，具有超越时间的“终极性”：“先”具有时间意义（先后），“象帝之先”则意味着超越于王弼所说的“天帝”或王安石所言的“生物之主”。“天帝”或“生物之主”通常被视为万物之源，较之这种存在形态，“道”具有更为本原的性质。当然，老子并没有预设一个创造万物的人格化的神，对老子而言，所谓“帝”更多地具有隐喻的意义，并不是说他承认存在着造就万物的人格神：“象帝之先”主要在隐喻的意义上肯定“道”具有更为本原的性质。不难看到，老子在此进一步指出了“道”的终极性品格：整个世界追溯到最后便指向“道”，在“道”之前没有任何其他存在。后面第二十五章所谓“道法自然”，也表明了这一点：正因为在“道”之前不存在比“道”更为本原的存在，故“道”只能法自然，亦即以自身为原因。

第五章

原文：

天地不仁，以万物为刍狗；圣人不仁，以百姓为刍狗。天地之间，其犹橐籥乎？虚而不屈，动而愈出。多言数穷，不如守中。

释义：

本章首先从天人之辨的角度，提出了天人关系方面基本的价值概念以及价值原则。从自然的观点来看，整个宇宙中一切对象都是平等的，其间没有差异。天与人之间，也同样如此：人首先是生物学意义上的存在，作为生物学意义上的对象，人与其他事物并无不同。“刍狗”即以草扎成的狗，用以祭祀。所谓“天地不仁，以万物为刍狗”，肯定的便是万物之间的无差别性。与“万物”相对的是“百姓”，后者在这里主要泛指不同于“物”的“人”，由“天地不仁，以万物为刍狗”引出“圣人不仁，以百姓为刍狗”，意味着将自然原则运用于社会，强调天人之间、人与人之间不存在根本不同。

这里的“不仁”，首先表现为对“仁”的否定。众所周知，“仁”是孔子思想的核心，在孔子那里，“仁”既意味着肯定人之为人价值，也引向以人观之，即从人的角度看问题。与之相对，老子所突出的，是以天观之或以自然观之，后者较之孔子的“以人观之”，表现为考察世界的不同方式，由此形成的价值判断，也展现了重要的差异。从“仁”或以人观之的角度看，人是整个世界中最有价值的存在：天地之中，人最为贵。这也是儒家反复强调的观点。然而，从以天观之或自然的观点来看，儒家的这种价值原则便失去了前提。所谓“不仁”，便趋向于消解儒家以人观之的价值观念，并由此凸显自然的原则。前一章主要在本体论的意义上，对“道”所具有的品格及特点，做了多方面的考察，相对于此，本章着重从价值论的角度，将“道”引向社会领域，并把自然的原则提到突出地位。

从天地自然的角度看，万物都是平等的，不同的事物之间没有优劣之分，也没有价值的高低之别。这一原则运用到社会领域中，则同样应肯定，人与人之间不存在价值上的高低、贵贱等区分，所谓“圣人不仁，以百姓为刍狗”，便表明了这一点。在本体论上，万物都是齐一的，后来庄子将其进一步引申为万物一齐、道通为一，认为世界最原始的存在状态是“未始有封”①，即它一开始并没有界限：“封”在这里有界限之义。在庄子看来，从“道”的角度看，不应该对事物做种种区分，这一意义上的超越分界更多地带有本体论意味。就价值观的角度而言，此处似乎还包含超越以人为中心的趋向。儒家的仁道的观念倾向于以人观之，其基本要求是以人的存在价值为中心来考察万物，儒家一再强调天地万物人为贵，便表明了此点。《老子》“天地不仁”的观念则在一定意义上表现了试图消解把人视为万物中心的观念，这也构成了后来道家前后相承的思路。

从理论上看，这里涉及对所谓“人类中心”的理解。“人类中心”是现在经常提到的话题，对它的讨论以批评居多。然而，如果从历史的观点看，恐怕对此也要做一些具体分析。在某种意义上，完全地超越人类中心可能是很困难的，从人自身的存在出发看待事物、看待存在、看待世界，是人难以避免的存在境域。现代的生态伦理、环境哲学强调天人和谐，反对生态破坏，通常将此视为对人类中心的超越，但事实上，重建天人统一、恢复完美生态等，从终极的意义上看，乃是为了给人

① 庄子·齐物论.

提供一个更好的存在处境：天人失调、环境破坏之所以成了问题，是因为它危及了人本身的存在，就这一意义而言，完全超越人类中心，本身似乎缺乏合理的根据。此处可以将狭义的人类中心论与广义的人类中心论做一区分。宽泛地看，人类当然无法完全避免“以人观之”，所谓生态危机、环境问题等在实质上都具有价值的意味：如上所述，生态、环境的好坏，首先相对于人的存在而言，无论维护抑或重建天人之间的和谐关系，其价值意义都与人自身的生存相关。从这方面看，广义的人类中心论确乎难以完全超越。然而，在狭义的形态下，人类中心论所关注的往往仅仅是当下或局部之利，而无视人类整体（包括全球及未来世代的所有人类）的生存境域，由此所导致的，常常是对人的危害和否定，这一意义的人类中心论，最终总是在逻辑上走向自己的反面，它也可视为狭隘的人类中心论。笼而统之地否定人类中心论，往往会导致一种虚幻、诗意、浪漫的意向，这一点在时下的后现代主义观念及对所谓现代性或近代哲学的批判中经常可以看到：在后现代主义那里，诗意的想象常常压倒了对人类现实的社会历史过程的关注。老子哲学以自然为理想的形态，这一视域往往与批评文明的演化相联系，其中每每流露出对文明历史进步的疑虑，后者既具有提醒人们避免天人冲突的意义，也隐含着某种消极的历史意向。

后面主要提出了“虚”的原则。本然世界到底以什么样的形式存在？这里的风箱（橐籥）具有隐喻的意义，着重突出“虚”的原则：风箱的作用以“虚”“空”的存在为前提，如果缺乏“虚”“空”的形态，风箱的功能也就无从发挥。从本体论的角度看，“虚无”意味着没有任何实质的规定性，与此相联系，“虚无”又与无形相联系。引申而言，“道”与“虚”的关联，同时也暗示了运用道的过程具有灵活性的一面：从本体论的层面看，道在不同的对象中有不同的呈现方式；同样，依“道”而行也不能固执于或停留在某一固定的方式之中。“虚”的这一意义与老子所肯定的“时”的观念相应：注重“时”，意味着根据具体的时间地点条件的变化而有所调整，“虚”从一个方面为这种调整提供了可能。

“虚”体现于社会领域之中，进一步与“言”相对：正是从“虚”的观念与自然的原则出发，老子对“言”持批评和否定态度。宽泛而言，“言”可以从两个方面加以理解，首先是“言说”，即以语言来表述或表达，对日常生活中的言说方式，老子始终保持了某种距离，第一章中“道可道，非常道；名可名，非常名”之“可名之名”“可道之道”，都涉及通常经验领域的表述方法，在老子看来这些方式不足以把握“道”。其次，“言”同时与政治领域中的法令、法律等相联系：从形式上看，法令需要以“名言”的方式颁布。对老子而言，如果过分追求苛严的法令，常常会导致对人的束缚，由此形成对人的限定。下面所说的“不如守中”的“中”可以有不同的解释：可以被理解为“中道”意义之“中”，也可以借用为“冲”：“中”与“冲”在语音上有相近之处，故可通假。从前后文来看，这里的“中”也许接近于“冲”（“空”），其中蕴含的思想取向与前面说的“虚”或“虚无”的观念相呼应。本章首先从以人观之和以自然观之的区分这一角度，将自然原则凸显出来，接着又将自然与“虚无”沟通起来，最后从社会领域，把“虚无”原则置于社会政治中，在社会政治领域中突出了“虚无”原则。从前后的逻辑关联来看，这里的“中”（冲）作为“虚”确实可能更合乎本章的主要观念。从价值观的角度看，相对于政治法令层面的限定性，“虚”与“空”可以引申为“宽容原则”，并由此构成了治国过程及处理人与人之间关系的独特方式。以“虚”表现出了的宽容，表明“思”可以出位，与之相对的“言”，则主要表现为“思”不出位：其所思所虑，都被限定在一定的框架之中。从另一角度看，“虚”又可以视为老子“无为”原则的展开和体现。“无为”有不同的表现方式，它既常常以合目的性与合法则性的结合为形式，又可与表现为政令的“言”相对，取得宽容的形式，后者与前面所肯定的超越差异、等观万物具有一致性。

总体上，本章的核心是突出自然的原则。在本体论上，老子强调以“道”观之，物无差别。同时，尽管“道”构成了万物的本原，但其特点又表现为“生而不有，为而不恃”（第二章），后者体现于人道领域，便以“虚”而能动和“虚”而能容为形式。天道观上的玄同万物与价值观上的宽容原则，从不同方面展开了自然的原则。

第六章

原文：

谷神不死，是谓玄牝，玄牝之门，是谓天地根。绵绵若存，用之不勤。

释义：

“谷”本有“山谷”之义，两山之间常常比较空旷，这一意义上的山谷或山峡与空、虚相关，老子常以“谷”表示“空”，如第十五章“旷兮，其若谷”、第三十九章“谷得一以盈”、第四十一章“上德若谷”，等等。以此为表达形式，近于前一章的“橐籥”（风箱）之喻：“谷”与“橐籥”在虚或空这一点上前后一致。“神”不同于人格化的超越存在：老子一再从自然的观点出发，否定人格化的神。按其实质的内涵，这里的“神”更多地具有变幻莫测（出神入化）之义。在第四十章中，老子指出“反者，道之动”，其中的“道之动”涉及“道”的过程性：道既是万物本原，又展开为一个过程。“谷”与“神”相结合，构成了“道”的形象表述：“谷”言其存在形态的虚空或虚无，“神”则指变化过程不可执着。释德清在解释“谷神”时曾指出：“谷，虚而能应者。”[①] 严复也认为：“以其虚，故曰‘谷’，以其因应无穷，故称‘神’。”[②] 这里他们已注意到以“谷神”隐喻“道”的内在含义。“不死”主要肯定“道”的永恒性：“道”本来并非有生命的存在，从而也不存在死或不死的问题。以“不死”规定“谷神”，旨在突出“道”的永恒性或无限性。

后面进一步提到“道”与万物之间的关系。借助生殖意义上的隐喻，老子指出了“道”作为存在本原的含义。“玄牝”涉及生成关系，“根”本来与植物之源联系在一起，包含基础、根据之义，以“玄牝”喻道并以此为天地之根，突出的是“道”作为万物本原和根据的意义。前面已提及，从生成性的角度理解“道”，带有某种宇宙论的意味，以存在根据诠释“道”，则体现了本体论的观念。在此章中，以上两重意义交织在一起，从中可以看到老子对“道”理解的多重性。

---

① 释德清．道德经解：第六章．上海：华东师范大学出版社，2009：42．

② 严复．老子道德经评点：第六章//严复全集：第九卷．福州：福建教育出版社，2014：24．

本章所说的“绵绵若存”，与“不死”前后呼应，主要突出了道的延续性与恒久性，“用之不勤”中“用”与前面第四章中“用之不盈”的“用”，表达方式具有一致性。“勤”有尽之义，这样，“用之不勤”便意味着用之不尽，这可以视为肯定道的永恒性和无限性的逻辑引申。事实上，前面提到的“用之不盈”，也包含用之不竭之义。与宇宙论的视域和本体论的观念彼此交错相应，这里的“用”，同样既表示构成（“用”道构成万物），也涉及运用（“用道”或依道而行），无论是道为万物本原，还是人按照道（“运用道”）展开合乎法则的活动，都非限于一时，而是展开为一个绵绵不断的过程，此即所谓“绵绵若存，用之不勤”。

可以看到，“道”在老子看来既是存在之源，又是存在的根据。“道”之所以能成为构成整个存在的终极根据，在于其具有“虚”或“空”的品格。老子以“橐籥”“谷”等隐喻的方式，暗示“道”所具有的这种虚无规定，从而突出了“道”无形并超越感性形象、没有任何规定性的特点。在本章中，老子同时展现了“道”出神入化、因应无穷的特点：“谷神不死”中的“神”，便体现了这一点。作为万物的本原和因应无穷的存在根据，“道”具有无限、永恒的性质，所谓“谷神不死”“绵绵若存，用之不勤”，都从不同的角度强调了“道”的以上特点。

第七章

原文：

天长地久。天地所以能长且久者，以其不自生，故能长生。是以圣人后其身而身先，外其身而身存。非以其无私邪？故能成其私。

释义：

本章在一定意义上又回到了第五章的讨论话题，着重阐发"自然"的观念。在价值领域，老子以自然为基本原则，这一原则并非抽象、空洞，其内涵展开于多重方面。

"天地"泛指自然界或一般意义上的世界，"天长地久"，表明世界是永恒的。天地为何能长久？或者说，世界何以具有永恒的品格？老子用“以其不自生”加以解释。这里的“自”，着重的是有意而为之或追求某种自身的目的。依此，则天地之所以长久，主要在于它非有意生成，也非刻意预设永恒存在的目的，一切自然而然。在老子看来，天地的长久性也属这种自然的形态。以上主要从自然的角度，扬弃自然（天地）的目的性。

后面谈到“圣人后其身而身先，外其身而身存”，涉及在社会领域的具体交往过程中，个体如何维持自身存在的问题。“后其身”即先退一步，“身先”则是居于领先之位；“外其身”是将个体自身置之度外，“身存”则是安然存在。从个体生存的角度看，这种关系表明，个体不刻意地谋求自身的生存，倒反而能使其更好地生存。就以上论辩而言，老子似乎又将前面扬弃的目的性，重新引入进来。这里需要注意的是，对天地的规定不同于对人的理解：尽管如后面将论及的，在价值性质上，老子趋向于等观天人，但在存在方式上，却仍肯定了两者的差异。天地作为自然的对象，是无目的、无意志的；但人却无法完全摆脱目的性的追求，事实上，对于人及其活动，老子注重的是其合目的性与合法则性的统一，后者也使之有别于庄子。在以上分际中，同时包含着超验的目的与人的目的之区分：天地不自生，表现为对超验目的的拒斥，而个体存在（“身存”）则关乎人的现实目的。按老子的理解，一方面，在人的生存过程中，如果仅仅以主观的目的为出发点，完全无视自然的法则，亦即以合目的性压倒合法则性，则这种目的性的追求便需要否定。但另一方面，个体如何生存又是老子一直关注的问题。个体的生存难以离开目的性，事实上，以什么样的方式使个体生存于世，构成了人所关切的内在问题。个体之所以需要坚持自然原则，避免以目的性消解自然的法则，其根本原因就在于：唯有尊重自然的法则，才能使自身更好地生存。如果说，“后其身”和“外其身”表现为顺乎自然的过程，那么，“身先”和“身存”则构成了个体追求的内在目的，在这一意义上，自然的原则（合法则性）并非疏离于目的性。

这样，一方面，对背离自然的目的性，老子一再要求加以消解；另一方面，在个体自身存在的层面，老子又确认了目的性的意义，两者前后一致而并不彼此冲突。这里同时体现了某种辩证的观念，只有超越了片面的目的性追求，才能真正达到目的；超越单向的目的，意味着合乎自然的法则，以此为前提，才能更好地维护个体生存，从而真正实现人的目的。后面（第七十八章）所谓“正言若反”，可以视为这种辩证思维方式的概括。

本章最后提到，“非以其无私邪？故能成其私”。一方面，这是以上思维进路的延续，其含义与“圣人后其身而身先，外其身而身存”相近；另一方面，其中又涉及某种处世方式。“处世”与日常生活中如何应对各种情景相联系，在这一方面，老子哲学中似乎存在向权术、谋术等方面演化的趋向。所谓“以其无私”而“成其私”，与后面（第三十六章）提到的“将欲夺之，必固与之”等表述，显然前后呼应，后者在现实生活中往往取得权谋的形式。确实，老子的思想在后来的演化中，常常与各种“术”，如长生术、权术、谋术等联系在一起，“术”关乎经验层面的处世方式，如“长生术”与养生相联系，“谋术”“权术”与政治、军事领域相关，如此等等。形而上层面的沉思与经验领域中对不同之“术”的关切，本来属于相异的思考方向，然而，在老子那里，两者往往纠缠在一起，它从一个方面展现了老子思想的复杂性。

第八章

原文：

上善若水。水善利万物而不争，处众人之所恶，故几于道矣。居善地，心善渊，与善仁，言善信，正善治，事善能，动善时。夫唯不争，故无尤。

释义：

本章通过“水”的隐喻，以展现“道”的品格以及人自身的理想“在”世方式，亦即既借水喻人，也借水喻道。按照本章的描述，“水”的品格首先表现为“利万物而不争，处众人之所恶”。“利万物”包括滋润众物，哺育生命（生命离开了水便无法生存），等等。“不争”则是有益于万物而不与之相争。同时，水总是往下流，从社会价值的意义来说，“下”意味着处于价值的底层或低贱的层面，“水”往下流，相应地表现为甘居不利的处境（人之所恶）。从以上两个方面看，“水”无疑近于道或体现了“道”的品格。

由此引申，人的“在”世过程也涉及理想的方式。首先是“居善地”，其中包含对所处之境的关注。在《论语·里仁》中，孔子曾认为“里仁为美”，亦即肯定居住之地应有所选择：仁者或贤人居之处，是人存在和发展的理想（完美）之境。老子在这里也同样表现出对个体所处之境的关注，“善地”也就是良好的环境。当然，所谓“善”或“美”，其标准可以不同，孔子赋予“仁”以更为重要的价值内涵，并以仁者所处之地为美；老子则更注重自然的原则，其“善地”也以有助于合乎自然地生存为特点。“心善渊”之“渊”有幽深可容之义，将其与人之心联系起来，意味着拒绝心胸的狭隘。“与善仁”中的“与”，关乎人与人之间的相处和交往，“仁”则可以被赋予不同的内涵。前面（第五章中）提到的“天地不仁”，对“仁”的理解更多地带有否定的意义，这里的“与善仁”从词义上说包含与人交往应遵循“仁”的原则之义。此处之关键在于对“仁”的不同理解。在儒家那里，“仁”更多地与德性联系在一起，其指向之一，是化天性为德性；在老子这里，“仁”则更多地与人的自然本性或天性相联系，两者的侧重之点正好相对：前者要求由天性提升为德性，后者则趋向于从德性还原到天性。与之相应，“与善仁”中所注重的“仁”，其内在含义在于合乎自然法则。“言善信”涉及“信”，众所周知，在中国传统哲学中，“信”与“诚”相联系，两者都体现了真实性的原则。所谓“言善信”，意味着言说过程应当以真实为原则。“正善治”中的“正”与“政”相通，关乎为政或治理活动。为政需要体现良好的治理（“善治”），对老子而言，所谓“善治”，也就是“无为而治”。“事善能”中的“能”涉及人的不同能力，做事过程，需要尽其所长，发挥各自的能力。“动善时”中的“时”狭义上指季节的变化，广义上则涉及时间条件。对农耕社会而言，季节的变化对农业生产具有重要意义，因此早期思想家们对农时也很重视，“动善时”便体现了这一趋向。引申来说，“善时”也蕴含顺应自然之义：归根到底，根据季节变化来安排农业生产或更广意义上基于时间条件从事人的活动，也就是按照自然本身的法则展开多样的实践。

最后，“夫唯不争，故无尤”，又回到一开始提出的原则，即所谓“不争”。值得注意的是，这一原则既体现了对理想人格的理解，也表现了应对具体存在境域不同问题时应该遵循的原则，从而，既是人的内在品格，又是普遍的社会规范。作为规范，“不争”构成了调节人与人之间的关系以及人与对象之间的关系的原则。

本章突出的是“不争”的原则。“不争”的原则何以如此重要？如何实现“不争”？这些问题涉及对社会秩序的思考。如何建立和谐有序的社会，这是先秦哲学家普遍关切的问题，当然，对其理解又各有不同。以儒家而言，尽管“争”也为儒家所否定，但在儒家那里，达到“不争”，又以“礼”“义”“仁”等体制和规范为重要的条件，荀子便把“礼”“义”看作社会避免纷争、有序存在的前提，而“礼”的作用首先则被视为确定“度量分界”，后者的具体含义在于把社会成员分别安排在不同的社会等级结构之中，使之各安其位、互不越界。对荀子来说，一旦做到这一点，整个社会就可稳定有序①。在确定“度量分界”的条件下，每一个体都拥有与自身地位相应的权利，同时又需要承担相应的义务，不同社会成员彼此相分，各有界限，由此超越纷争、形成秩序井然的社会结构。与之相对，老子对“礼”“义”的规范以及与之相应的文明形态持批评态度，对他而言，建立超越相争的有序社会，主要不是依靠礼制的担保，而是需要诉诸自然的原则。老子在本章以水为喻，将自然的原则与“不争”的观念联系起来：“争”意味着对立、纷乱，在彼此相争的情况下，社会将陷于纷乱而无序的状况，相反，如果每一社会成员都能像水那样顺乎自然，与世无争，那么，就能避免彼此之间的对抗或冲突，并使社会达到和谐有序。在第三章中，

---

① 荀子·礼论.

老子曾提到“不尚贤，使民不争”，其中也突出了合乎自然、超越文明的理想形态（贤）以避免争乱的观念。不难看到，“不争”主要关乎社会秩序建构的条件，本于自然而走向“不争”，则表现了不同于儒家基于“礼”“义”的进路，它在实质上可以视为自然原则在社会领域的引申。

第九章

原文：

持而盈之，不如其已。揣而锐之，不可长保。金玉满堂，莫之能守。富贵而骄，自遗其咎。功遂身退，天之道。

释义：

这里先从自然现象说起，再进而转到社会领域。从自然的角度看，不断地充盈，迟早会溢出，故需要适当打住；器物过于尖锐，往往容易折断而难以长保。就社会领域而言，满屋的财富，常常无法长久保持，它表明，人所拥有的财富，是可增减变动的。这些，都是日常生活中常见的现象。“富贵而骄”中的“富”关乎财富，“贵”涉及政治地位，“骄”则是因拥有财富和政治地位而傲人，其中包含过度或不合宜的趋向。所谓“富贵而骄，自遗其咎”表明：富与贵这两者同样不是固定不变的，在“骄”这种过度或不合宜的情况下，它们都可能向相反的方向转化。广义上的“功遂”意味着在经世活动中获得成就，在老子看来，一旦达到以上方面，便应当引身而退，以避免因过度而向反面转化。

按照老子的理解，不论是自然对象，还是社会领域，整个世界都处于变化过程中，事物发展到一定的阶段或达到一定的形态之后，便可能向相反的方向转化。为避免消极意义上的转化，需要将事物本身保持在一定的“度”之中。在中国哲学中，关于“度”的观念，儒家、道家都在讲，儒家所说的“中庸之道”“过犹不及”，也旨在将事物的变迁处于适当的“度”或一定的范围或界限之内。老子同样有这方面的自觉意识，后者也可以视为“自然之道”的体现。在老子那里，“道”既是存在的原理，也是体现变化发展的法则，所谓“反者，道之动”，便将向相反方向的转化规定为道的普遍法则，作为变化的法则，道既制约自然，也体现于社会领域。在本章中，老子在审视自然现象的同时，也考察了人应当如何处世，如何对待名誉、财富、社会地位等，这种处世和“在”世的方式，又以体现变化法则的自然之道为依据。

从整个思路看，一方面，老子将“天道”的观念运用于社会生活之中，使之与“人道”相沟通；另一方面，又把与人的存在相关的“人道”引向形而上的“天道”：“功成名遂身退”本来是人在社会领域中的处世方式，体现了“人道”的内涵，老子在此将其提升到了“天道”的高度。在此，“人道”和“天道”彼此贯通，“天道”构成了“人道”的根据，“人道”则表现为“天道”在社会领域中的运用。事实上，老子的“道”所具有的普遍涵盖性不仅体现于宇宙论、本体论，而且处处与人自身的存在联系在一起，本章所肯定的“天道”和“人道”之间的相互沟通，也从一个方面具体展现了以上内涵。

第十章

原文：

载营魄抱一，能无离乎？专气致柔，能婴儿乎？涤除玄览，能无疵乎？爱民治国，能无为乎？天门开阖，能为雌乎？明白四达，能无知乎？生之、畜之，生而不有，为而不恃，长而不宰，是谓玄德。

释义：

本章首先谈到身和心的关系。“载，犹处也”①，关乎如何安排“营魄”的问题。“营魄”可理解为“魂魄”，作为不同的精

① 王弼．老子道德经注：第十章∥王弼集校释．北京：中华书局，1980：22．魏源亦肯定此说（魏源．老子本义．上海：上海书店，1987：10）。

神现象，“魂”与所谓“阳气”相关，更多地侧重精神活动，“魄”则涉及“阴气”，并以静为其特点。“营魄”的具体所指与今天所理解的精神意识现象当然有差异，但这一提法也表明老子已经注意到精神现象的多方面性。就精神世界而言，“抱一”表明这种世界乃是以统一的形态存在；从身和心的关系看，“抱一”则意味着两者之间并非彼此分离。对老子而言，“道”的最原始和真实的形态是“玄同”，亦即浑然未分的同一状态。这种“同”的观念不仅体现于对世界的理解，而且也涉及对精神世界的规定，“能无离乎”便强调精神世界的不同方面以及身和心都应保持统一。

“气”是中国哲学的重要概念，其形象性的特点是动而不固、柔而可变。老子把“气”和“婴儿”联系在一起，体现了对“婴儿”这种存在方式的独特理解。在“身”这一层面，婴儿总是保持柔弱状态：相对于成人而言，柔弱是其重要特点；对“婴儿”状态的注重，同时意味着突出“婴儿”般的柔弱存在方式。从意识的角度看，婴儿知识未开，处于浑而未知的状态，精神层面这种前分辨的混沌形态与前面所说的意识的统一形态，具有前后呼应的关系，它从一个方面体现了“营魄”与“婴儿”的逻辑关联。婴儿的混沌形态表明既不具有文明形态影响下所形成的生活经验，也缺乏由学习而获得文化知识：在婴儿那里，一切知识经验都尚不存在。对老子而言，婴儿的这种精神世界犹如一张白纸，尚未写下任何东西。从理论上看，这种理解当然并不确切，这不仅在于婴儿作为人之初，已包含形成未来知识结构的可能，而且人来到世间后便与外部世界发生多重互动关系，这种互动也在人（包括婴儿）的精神世界留下各种印记。就内在意向而言，老子对婴儿这种存在形态的赞美，趋向于消解人在后来发展过程中积累、形成的各种知识，所谓“为学日益，为道日损”①，表达的也是类似的意思：人为增加的东西对人都有消极影响，“为道”意味着把积累的东西不断减少，回到类似婴儿的混沌无知状态，后者表现为前知识的精神之境。

进一步看，作为“人之初”，婴儿包含着以后发展的多重可能性。在婴儿阶段，人未来究竟会成为什么样的存在形态，并没有彰显，在这一意义上，可以把“婴儿”理解为可能的存在形态：他可以向不同的方向发展，其演化趋向尚未确定。在老子看来，可能形态包含着不同的发展趋向，事物一旦被定格为某种形态，那就变成僵硬而缺乏生命活力的固定形态。作为生命的开端，婴儿具有内在的生命力，相对于成人“由壮而老”，“婴儿”更多地表现出生命之初的那种内在活力。在此意义上，肯定婴儿的完美性，隐含着对生命活力、生命力量的肯定。概要而言，从认识的角度看，婴儿知识未开，没有受到世

① 老子·第四十八章.

俗之知的影响；就存在形态而言，婴儿既具有柔弱的品格，又包含不同的发展可能。老子对“婴儿”的关注，主要基于以上理解。

在现代，一些哲学家也注重可能形态，但其观念与老子有所不同。以海德格尔而言，他将未来置于时间的重要方面，其缘由即未来隐含着某种可能性：可能的状态首先与未来的时间状态相联系。在海德格尔那里，此在的可能形态与自我走向未来的筹划无法相分，这样，对可能的关注与对未来的注重也彼此相关。尽管他主要限于个体生存来讨论以上关系，但可能的存在形态与未来的关联，无疑体现了某种现代意义上的历史向度。相对而言，老子既不注重自身的筹划，也不以未来为关切之点，婴儿之喻更多地侧重于回到开端、守护原初的可能。这种将可能主要与过去关联起来的思维趋向，与海德格尔的自我筹划所蕴含的未来走向，似乎展现了相异的进路。

“涤除玄览”中的“涤除”侧重于“破”，其具体含义是把已积累起来的知识经验加以清除，以净化内在的精神世界；“玄览”则是就正面或“立”的角度而言，表现为以直觉的方式把握世界。“玄”本来有浑然、深远之义，用“玄”来表示“览”，表明这种直觉以把握普遍之道为指向，因而具有深沉的形态。“能无疵乎”中的“疵”有缺陷、不足（瑕疵）之义，“无疵”意味着在消解已有知识、净化精神世界方面较为彻底。

“爱民治国，能无为乎？”① 这一问题涉及社会政治领域。前面所讲更多地关乎如何把握普遍之道的过程，这里转向了实践之域。在政治实践或治国领域，老子注重“无为”的原则，这一论域中的“无为”当然并不是完全无所作为，从实质的方面看，其内在含义是合目的性与合规律性的统一。“治国”当然涉及目的性，但这种目的性的活动不能偏离自然之道，所谓“无为”也就是治国过程始终合乎“自然之道”，它与第三章中所说的“为无为”具有一致性。

“天门开阖，能为雌乎？”这一问题涉及感官和世界的关系。此句中的“为雌”王弼本作“无雌”，傅奕本则作“为雌”，在逻辑上，“为雌”似与老子的前后思想更为一致：“天门”隐喻人的感官，“雌”所体现的是“柔弱”的原则，“为雌”意味着在感知过程中顺乎对象、不强物就我。感官本来是人认识世界最直接的通道，如何通过感官来把握这个世界？老子在此提出了“雌”的观念，并以之为基本原则。从认识论上说，这一原则意味着不改变对象，努力回到世界本身，它与第五十四章中

① “爱民治国，能无为乎”中的“无为”，王弼本及帛书乙本皆作“无知”，但唐景龙碑作“爱民治国，能无为”。从逻辑上说，治国是一个“为”的过程，而非仅仅关乎“知”，同时。后面“明白四达，能无知乎”帛书乙本也作“无知”，两者重出，于义于文均不精。俞樾在《诸子平议·老子平议》中指出：“唐景龙碑作：‘爱民治国，能无为；天门开阖，能为雌；明白四达，能无知。’其义并胜，当从之。”俞樾之前的魏源也肯定“爱民治国，能无为乎”的表述（魏源．老子本义．上海：上海书店，1987：10）。本书以唐景龙碑的文本为依据。

“以身观身……以国观国，以天下观天下”所表达的含义大致相近。在政治实践领域中，体现“柔弱”原则的“雌”与“无为”相互贯通；在认识论意义上，“雌”则以不改变对象、回到事物本身为指向。

“明白四达，能无知乎?”此句中的“无知”，王弼本作“无为”，但帛书乙本则作“能毋以知乎”，后者显然于义更胜。“明白四达”本来指意识的状态，能够清楚地了解这个世界，洞察这个世界的方方面面。后面强调“能无知乎”，从形式上与前面的“明白四达”相对，但如果联系老子对“婴儿”状态的推重和“涤除”的主张，那么这一点也就不难理解了：“无知”并不是消除一切知识，它所要消除的，更多地是世俗之知以及对经验世界的世俗把握方式。对老子而言，只有超越世俗之知，才能真正地理解这个世界。

“生而不有，为而不恃”，这一表述在第二章、第五十一章中多次出现，“生之、畜之。生而不有，为而不恃，长而不宰，是谓玄德”则与第五十一章的内容相近，一些注家据此认为这是错简重出。但从文本上说，不仅从河上公本到王弼本都一直有此段落，而且在帛书《老子》中也可以看到类似的表述，这种文本现象似乎不能简单地以错简来解释。从总的思想取向来看，这里的论述与老子前后所阐发的观念彼此相通。“道”作为整个世界的本原，并不有意地控制、支配万物，所谓“生而不有，为而不恃，长而不宰”，即表明了这一点。道的这一品格具体展现为“玄德”，这里的“玄”具有浑厚、深沉等意，“玄德”即浑厚、深沉的品格。从人的存在方式来看，“生而不有，为而不恃，长而不宰”，体现的也就是前面所说的“无为”。就治国领域而言，治理过程要真正达到天下安宁，治理者就不能以功自居，更不能对一般民众加以左右、支配。“无为之治”就是要让老百姓按照自己的本性和意愿去发展，而非处处约束和控制他们，这构成了老子一贯的主张。

在本章中，老子从不同的方面对“道”所体现的自然原则做了阐述。从本体论看，由意识的统一提出了婴儿之喻，以此讨论浑而未分的精神世界以及存在的可能形态和世界的本原形态，表达了回归原初可能、保持万物的自然本性的要求。就人对世界的理解而言，老子强调唯有消解已有的世俗之知，才能真切地把握普遍之道。本体论上“生而不有，为而不恃，长而不宰”之道，进一步构成了治国等活动中“无为”的根据。

第十一章

原文：

三十辐共一毂，当其无，有车之用。埏埴以为器，当其无，有器之用也。凿户牖以为室，当其无，有室之用。故有之以为利，无之以为用。

释义：

如果说，第一章关于“有”和“无”、“有欲”和“无欲”应该如何断句尚不十分清楚，那么，第十一章的情况就有所不同。在本章中，老子首先考察了经验世界中的多种事物，如车、陶器、房屋等，以及这些事物的功能和作用，从中发现了一个带有普遍性的现象，即，这些事物的功能和作用的发挥，以相关事物内含的“无”这一规定为条件：车轮因其中有空隙（空无），而成就车轮之用；陶器因中空而非实，故能成为置物的器皿；房屋因其有空间，故能成为居室，这里的空隙、中空、空间，都表现为宽泛意义上的“无”。由此，老子引出如下结论：“故有之以为利，无之以为用。”需要注意的是，这一结论已不限于单纯的经验概括了，而是表现为对世界的普遍理解，具有形而上的意义：车轮、陶器、居室，属形而下的经验对象，“无之以为用”则是形而上的表述。

从逻辑上看，从经验的观察概括出形而上的普遍性命题，包含着某种跳跃。这里涉及两个不同的领域，一是经验世界的领域，二是超越经验世界的领域。从前者到后者的推论，旨在从普遍的层面概括出“无”比“有”更为根本。考察经验对象，一般主要注意事物以“有”的形式呈现的规定性，而对其中隐含的“无”往往缺乏充分关注，老子在此则对通常被忽视的“无”及其作用做了形而上的提升。从存在的形态看，“有”形之于外，呈现为外在规定，“无”则具有内在性，在此意义上，由关注“有”而指向“无”，意味着更深入地理解世界。然而，老子试图由此论证“无”为事物及其作用的根本原因，这不仅在逻辑推论过程上存在跳跃，而且从形而上的层面看也具有抽象性和思辨性。

当然，不管是经验世界中能使具体事物起作用的“无”，还是形而上层面作为世界根据的“无”，都不同于绝对的虚无。老子从不同的角度暗示他所说的“无”并不是“不存在”意义上的虚无：“无”也是一种存在。从形而上之维看，“无”意味着没有任何规定性、完全自我统一；就具体的对象而言，“无”相对于特定的存在形态而言，非绝对的空无。老子把“无”作为更根本的存在原理，这一思路与海德格尔有所不同。海德格尔在《形而上学导论》中，曾对形而上学的历史做了一些梳理，认为形而上学最根本的问题是“究竟为什么在者在而无反倒不在”①。这里的“在者”与“无”相对，其实际含义即为“有”，对形而上学的以上提问，其逻辑前提是承认这个世界是“有”，由此，再进一步追问：为什么“有”存在而“无”不存在？这一思路显然有别于“有之以为利，无之以为用”的推论，后者蕴含的前提是“无”比“有”更为根本。比较而言，黑格尔对老子哲学中的“无”给予了特别的关注，在谈到其“无”的时候，黑格尔指出：“这种‘无’并不是人们通常所说的无或无物，而乃是被认作远离一切观念、一切对象，——也就是单纯的、自身同一的、无规定的、抽象的统一。因此‘无’同时也是肯定的，这就是我们所做的本质。”② 这一意义上的“无”，同时被理解为形而上的原理。

---

① 海德格尔．形而上学导论．北京：商务印书馆，1996：1.

② 黑格尔．哲学史讲演录：第一卷．北京：商务印书馆，1981：131.

第十二章

原文：

五色令人目盲，五音令人耳聋，五味令人口爽，驰骋畋猎令人心发狂，难得之货令人行妨。是以圣人为腹不为目，故去彼取此。

释义：

本章中，老子谈到了“色”“音”“味”等规定，这些规定具有两个方面的含义：其一，相对于“道”而言，“色”“音”“味”更多地表现为与感官相联系并呈现于外的属性，属于现象世界的存在形态；其二，“五色”“五音”“五味”等都与人的活动相联系，在某种意义上隐喻着人的文化活动及其结果：“五色”“五音”“五味”已不同于本然的规定，而是具有某种文明的色彩。这样，“色”“音”“味”既与本体层面的“道”相对而表现为感性世界中的现象，又与自然相对而呈现文化或文明的品格。与之相联系，一方面，从本体论层面来看，老子对“五色”“五音”“五味”的批评，意味着反对执着或停留于现象，要求从“色”“音”“味”这些感性属性，提升到对“道”的理解；另一方面，就价值观的角度而言，这种批评又包含着对文化创造、文明成果的批评：在老子看来，令人眼花缭乱的文化形态都与本然的存在形态相对，一旦沉溺于其中，就会偏离自然，所谓“目盲”“耳聋”“口爽”①，都表明了这一点。这里既意味着以回归自然拒绝文化创造及其结果，也表现为形而上之“道”对现象的超越。“天道”和“人道”在此相互交错。

“腹”和“目”有一定的象征意义。从直观的角度看，“目”更多地与“看”联系在一起，“看”意味着关注，这里涉及的对象主要是人化世界和现象世界，“为目”主要与之相关。在老子看来，这一意义上的“为目”指向的是与自然相对的文明创造及其结果。与之相对，从原初的含义来看，“为腹”首先与“果腹”相关。前面的几章中，老子对“身”的表述在广义上已涉及“腹”，这里的“腹”更直接地与“身”所表征的生命存在相

---

① 王弼：“爽，差失也，失口之用，故谓之爽。”（王弼．老子道德经注：第十二章//王弼集校释．北京：中华书局，1980：28）

联系，“果腹”则相应地意味着维护人的生命存在。生命存在首先表现为自然的存在形态，而不同于文明的结果；相对于文化创造及其成果，生命存在无疑更为原初。“为腹”与“为目”的区分与前面“色”“音”“味”隐含的后一含义是前后呼应的，其内在的含义表现为对有别于文化形态的自然生命的关注，并以此扬弃对外在文化现象的执着，从纷繁的外部世界走向内在的自我、从人化的世界回归自然的生命存在。

对老子来说，在本体论上，呈现于外的感性世界与现象之后的真实世界，常常并不一致，现象世界往往不足以体现它背后更为真实的形态，因此，人不能执着于现象。同样，从价值观意义上看，人的文化的创造以及由此而形成的“五色”“五音”“五味”等多彩世界，总是偏离了自然，并导致对人的天性的破坏。人既不能停留于现象世界，也不应限定于文化的形态。要而言之，老子在此主要体现了两重取向：一是自然对文化的扬弃；二是“道”的本体对现象的超越。

第十三章

原文：

宠辱若惊，贵大患若身。何谓宠辱若惊？宠为下，得之若惊，失之若惊，是谓宠辱若惊。何谓贵大患若身？吾所以有大患者，为吾有身，及吾无身，吾有何患！故贵以身为天下，若可寄天下；爱以身为天下，若可托天下。

释义：

本章开宗明义提出应当注重“身”，并将“身”提到重要的位置。在“身”的理解方面，老子与儒家存在内在差异。儒家主要把“身”视为德性的承担者：儒家所说的“修身”，其实质是涵养德性。相对于此，老子更多地将“身”理解为天性的载体。

老子首先从“宠辱”谈起。“宠”和“辱”是人在世俗中的两种境遇。“宠”意味着得志，“辱”则表现为失意。然而，在老子看来，不管是“宠”（得志），还是“辱”（失意），都不是人理想的在世方式。在当时的背景之下，处于“宠”或“辱”，往往有天壤之别，但个体即使受宠，也无法改变被支配的命运：“宠”的结果无非是成为统治者的依附者，由此，个体往往远离本然形态，难以真正实现自身的价值。一旦受“辱”，则更意味着失去自身的内在尊严。所谓“宠辱若惊”“得之若惊，失之若惊”，便体现了以上状况。

从表层看，老子对“身”的关注，前后似乎存在某种张力。“吾所以有大患者，为吾有身，及吾无身，吾有何患”，蕴含着轻“身”或去“身”的观念。人世种种灾祸的出现都与“身”相关，如果没有“身”，人在世间所遭遇的一切都不复存在。同样，荣宠也与“身”相关。王弼在解释“何谓贵大患若身”时，曾指出：“人迷之于荣宠，返之于身，故曰‘大患若身’也。”①在此，“身”构成了“荣宠”的承担者。作为一切问题发生的根源，“身”若不存，则与“身”相伴随的一切问题也就消解了。从逻辑上看，这种观念将导向“轻身”或以超脱的眼光来看待“身”。然而，后面“故贵以身为天下，若可寄天下；爱以身为

① 王弼．老子道德经注：第十三章//王弼集校释．北京：中华书局，1980：29.

天下，若可托天下”，却又涉及“贵身”“爱身”，这与前面对“身”的看法似乎不相一致。不过，如果做进一步的考察，便可注意到，老子在此所讨论的，实质上是两重意义上的“身”：其一是世俗视域中的“身”，这种“身”，也可以看作“名利之身”，世间的“大患”，包括灾祸、“荣宠”，都以这种“名利之身”为承担者。以这种“身”去追求名利、追求“荣宠”，往往会招来“大患”，所谓“无身”，主要便趋向于消解这一意义上的“身”。其二是与自然或“道”为一的“身”，这一意义上的“身”不再是名利的载体，而是与整个自然合而为一，“贵以身为天下”，“爱以身为天下”之“身”，主要便指以上之“身”。消解名利之身，回复到与“道”为一之“身”，这就是“贵身”的真正意义。唯有达到“身”与自然、“身”与天下为一的境界，才能实现“身”的意义。对老子而言，形成以上意识，意味着“视身若自然”或“视身若天下”，如此，在政治领域中便会自觉地以自然无为的原则治理天下，从而也可以放心地托付天下。

前一章中，老子将“身”与“腹”联系在一起，更多地突出了人的生命价值，所谓“为腹”即维护这种生命价值。后来道教追求“长生久视”，可以说主要从宗教的角度发挥了老子的以上观点。在本章中，“身”已非限定在生命的层面，而是与“道”合而为一，关注这一意义上的“身”，也不再限于单纯的生命意义，而是同时具有精神境界的意味。

第十四章

原文：

视之不见名曰“夷”，听之不闻名曰“希”，搏之不得名曰“微”。此三者不可致诘，故混而为一。其上不皦，其下不昧，绳绳不可名，复归于无物，是谓无状之状，无物之象。是谓惚恍。迎之不见其首，随之不见其后。执古之道，以御今之有，能知古始，是谓道纪。

释义：

本章从不同的方面对“道”做了比较系统的描述。老子并非完全离开人自身的存在而对“道”做先天的或形式的设定，而更多地从道与人的关系中来规定“道”。所谓“视之”“听之”“搏之”都属人把握“道”的方式，“见”“闻”“得”的具体内容则是感性的规定。“道”无法“见”“闻”“得”，意味着它具有超越感性的特点。后面所说的“混而为一”着重指出“道”的未分化和自我同一品格：“混而为一”意味着仍处于内在的自我同一形态，尚未分化为具体对象。这样，“道”一方面超越感性，另一方面又自我同一。与无法由感官的方式加以把握、超越感性相应，“道”不具有具体的规定性。所谓“其上不皦，其下不昧”的“皦”“昧”分别属特定的规定或属性：“皦”显现于外，与现象相联系，能够为人所见；“昧”则非外在显现，无法由人的视觉加以把握。“绳绳不可名，复归于无物”中的“无物”，并非不存在，而是着重指出“道”不具有特定属性这一特点：相对于经验世界事物的多样属性，“道”因其没有特定规定而可以归之为“无物”。然而，尽管道“不皦”“不昧”，不具有任何具体规定，但它又是真实的存在，所谓“无状之状，无物之象”，便肯定了这一点。

“迎之不见其首，随之不见其后”表明，从时间上向前追溯，看不到道的开端，尾随其后，也无法确定到其终点，从而，道既无开端亦无终点，呈现为一种无限的绵延。这是从过程的角度来看。前面的“无状”“无象”着重于空间的意义，指出其不占有具体的空间位置，所以无法用感官的方式去确定和把握，后面则更多地从时间绵延的角度考察，并隐喻了“道”所具有的无限性。

“执古之道，以御今之有”，主要侧重于“道”的实践意义。在社会领域，历史中的“道”和当今的“道”具有统一性，或者说，“道”涵盖古今，整个历史世界都体现了“道”的演化；它不仅对历史中的存在具有制约作用，而且同样制约着今天的存在。就其与人的相关性而言，这种存在主要表现为“事”，王弼也指出了这一点，在“御今之有”下他特别注曰：“有，有其事。”①“事”是人之所为，亦即人所从事的活动，以道御今，主要便表现为普遍之道对今天人之所为的制约。古今的贯通，突出了“道”对古今的人和事所具有的普遍规范意义。事实上，道在时间之维的无限绵延本身也含有普遍性之义：道不仅构成了过去的法则，而且规定着今天和未来的人与事。这里可以再次注意到，老子既把“道”理解为存在的终极根据，同时也将其视为最一般的存在法则：从对象存在来说，道具有本原性，从人的行为方式和万物的运行方式来看，它又构成了制约其运行过程的法则。这一意义上的所谓“古始”既是时间之维的开端或最本原的出发点，又是存在意义上的终极根据，两者合而为一，呈现为“道纪”。与此相联系，“道”在老子那里不仅构成了回答“世界是什么”这一问题的根据，而且与“世界如何在”的问题联系在一起，后者既涉及对象“如何在”、万物如何变迁发展，也关乎人自身“如何在”：人在社会历史过程中展开的实践过程，无法离开“道”的普遍制约。

① 王弼．老子道德经注：第十四章//王弼集校释．北京：中华书局，1980：32.

第十五章

原文：

古之善为士者，微妙玄通，深不可识。夫唯不可识，故强为之容。豫焉，若冬涉川；犹兮，若畏四邻；俨兮，其若容；涣兮，若冰之将释；敦兮，其若朴；旷兮，其若谷；混兮，其若浊。孰能浊以静之徐清？孰能安以久动之徐生？保此道者不欲盈，夫唯不盈，故能蔽不新成。

释义：

这一章的文字在不同版本中稍有差异。“古之善为士者”，系河上公本、王弼本的表述，郭店楚简《老子》与之相近，作“长古之善为士者”。比较而言，帛书《老子》甲本和乙本在文字上略有区分：其中的“士”均作“道”。不过，尽管表述有所不同，但从内在的含义看，两者并不完全相互排斥：可以将“善为士”理解为“善为道之士”。这里所着重的，仍是由“道”来解释人，亦即从“道”的规定出发具体讨论“为道之士”的品格以及他的行为方式。“为道之士”已经达到了道，这是一种不易企及的境界，也无法以明晰的语言去描述：如同“道”本身超乎一般的名言一样，得“道”者的为人方式也很难把握，所谓“微妙玄通，深不可识”，即表明了这一点。因其不可识，故只能“强为之容”，即勉强加以描述。从其具体所述可以注意到：“为道之士”首先比较慎微，“豫”和“犹”都与谨慎、慎重相联系，与之相联系，其行为或者如寒冬过河，小心翼翼，或者如担心四邻的围攻，顾虑重重。同时，他具有庄重的品格，“俨”即肃然庄重，如同做客，但又通达而不拘谨的，“涣”即潇洒、洒脱，如同冰块的融化。为道之士比较纯朴：“敦”可理解为质朴、敦厚，但又胸襟开阔，所谓“旷兮，其若谷”，即胸襟如山谷一样空旷。最后，为道之士具有浑厚而包容一切的品格，所谓“混兮，其若浊”，即表现为浑而能容。

本章的后半段从人格特征的描述，进一步转向行为方式的关注。这一进路表现为从何为理想人格的追问，到探索为道之士“如何在”的问题。“孰能浊以静之徐清”，郭店楚简《老子》残简作“孰能浊以静者，将徐清”，这里“浊”的直接含义可以理解为，因变动而形成的状态，由日常经验可知，水一搅动就容易浑浊，要达到或恢复水之清，就需要动中求静：只有在静态之下，水中的杂质才会慢慢沉淀下来，水才会变得清净。此处直接所涉及的是自然现象，但背后却关乎社会领域中的存在方式，这一意义上的“浊”，关乎世俗的名利追求。与之相对，由“静”而“清”，则意味着从名利的追逐回归自然无为。与前者相关，“孰能安以久动之徐生”，郭店楚简《老子》残简作“孰能安以动者，将徐生”，全句所讨论的主要是怎样由“安”（与“静”相近）而“动”，其中涉及如何激发生命活力的问题。人生在世，需要处理好“动”和“静”之间的辩证关系：在动中要求其静，在静中则需求其动。动而不求其静，一味地向外，可能导致人在世过程中由名利的追求引发诸多问题。但是，若仅仅处于静的状态，则会缺乏内在的生命活力。在老子看来，动和静应该彼此统一，“为道之士”的特点体现了以上这一点。后面提到“保此道者不欲盈”，“盈”是满的意思，可以理解为追求某种终极的状态。与“道”本身表现为无限的绵延过程一样，在对象世界和社会生活中，动和静也非处于凝固状态，而是展开为一个互动的过程。在这种动态的过程中，人和事既非一味逐外，也非仅仅追求某种圆满光鲜的名利形态，这也就是“夫唯不盈，故能蔽不新成"①。

要而言之，从为人处世的过程来看，老子主张慎微、庄重、纯朴、宽容、动静的统一，并肯定这样的人生始终处于过程之中，而难以终结于某一种形态之上。对"为道之士"及其行为过程的如上描述表明，与后来庄子的飘逸和逍遥有所不同，老子对人生的总体取向显得比较持重。

---

① "夫唯不盈，故能蔽不新成"一句，各注歧义甚多。揆诸原文，"蔽"与"不盈"一致，有隐而不彰之义，"新成"则意味着追求圆满之新境，亦即向"强""盈"发展，其结果则是向相反方面转化。在老子看来，只有保持"不盈"，才能隐而不彰，避免向不利的方面转化，这也就是所谓"夫唯不盈，故能蔽不新成"的内在含义。

第十六章

原文：

致虚极，守静笃，万物并作，吾以观复。夫物芸芸，各复归其根。归根曰静，是谓复命。复命曰常，知常曰明，不知常，妄作，凶。知常容，容乃公，公乃王，王乃天，天乃道，道乃久，没身不殆。

释义：

本章与老子其他各章有相应之处，既讨论存在的本然形态问题，也涉及如何把握存在以及人自身如何处世、如何在世的问题。在老子那里，“虚”和“静”首先可以理解为存在的形态。作为终极的本原，“道”与经验世界中有各种具体规定的对象不同，没有任何规定，在这一意义上，也可以将其理解为“虚”。“道”作为存在的本原，以“虚”和“静”为终极形态，所谓老子以“虚静”为第一原理，也是就此而言。这里，需要对特定事物与普遍之道做一区分：特定事物实而不虚、动而不静，但普遍之道作为存在的根据，则具有虚静的品格。

以“虚”和“静”为存在的第一原理，是从“存在”本身的形态看，但就人与道的关系来说，问题还涉及如何把握存在以及如何“在”世，这里强调“致”和“守”，意味着努力将“虚”和“静”化为一种“在”世的方式。“复”在词义上可以理解为往复或循环，但从这里的具体表述——“万物并作，吾以观复”——来看，其中的“复”更多地涉及回归、回复，亦即向本原和终极根据的回归，所谓“夫物芸芸，各复归其根”，也表明了这一点。就存在本身而言，需要追溯存在的终极根据；就人而言，则应回归人的本然天性。在老子看来，回归存在的根据、回到人性的本然形态都体现了广义的“复”。以上看法表明，人不能仅仅停留于已然的经验现象之上，而是应当超越经验世界中的既成规定，走向原初的存在形态。这一意义上的“吾以观复”与前面几章提到的超越声、色、味的思路前后一致。引申而言，从把握“道”的角度看，“复”意味着人并不能一蹴而就地达到对“道”的整体认识，把握“道”是一个逐渐深入的过程，其中包含向“道”的不断回复。

这里同时提到"常"的问题，所谓"复命曰常"。在老子那里，向本然形态的追溯也被理解为对"道"的追求，从人把握"道"的方式来看，"常"与"道"相通，构成了智慧所指向的对象，后面提到"知常曰明"，其中的"明"不同于世俗之智而接近于与知识相对的智慧；具体而言，它乃是以"道"为内容的智慧形态。按老子之见，只有通过以上的追溯，才能超越具体的经验知识，逐渐达到对"道"的明觉，或者说，达到"道"的层面之"明"。如果缺乏对"道"或"常"的明觉（"不知常"），便会导致"妄作"，其结果将呈现消极意义（所谓"凶"）。

与"不知常"相对的是"知常"，后者意味着把握"道"的智慧。"知常"将引向开阔的胸襟、开放的视野，这种开放性从另一侧面体现了"道"的本性。具有包容的胸怀就能够公正地对待一切，公正地处理社会事务，意味着把握合理的治国原则，懂得了合理的治国原则，就能进一步了解自然法则，后者又引向普遍之道，所谓"知常容，容乃公，公乃王，王乃天，天乃道"，便可以视为对以上方面的概述。一旦达到"以道观之"的境界，则人自身便可臻于恒久之境，所谓"道乃久"。由此，可进一步趋向"没身不殆"。从总体上看，在老子那里，对"道"的把握似乎呈现为"圆圈"的形态：从"道"出发，最后又回归到"道"。"复"本来的含义便是超越经验的现象和具体知识而向"道"回归，对"道"的把握，又进而引向"以道观之"，并达到对世界更深入的理解。这一思维的行程表现为“向道而思”（以“道”为追求对象）、“以道观之”（“知常”而“明”后，进一步从“道”的观点更深入地理解世界），其中包含循环或“复”的趋向，但这种循环或“复”并非同一层面上的重复，而是蕴含不断上升的一面。以此为思维方式，可以避免无穷后退的困境：如果以直线而非“复”的方式加以上溯，则需层层追问，以至于无穷。要而言之，就存在的原理来说，道以自身为根据或原因，自本自根，从而，不需要在“道”之后做进一步追溯；从思维方式看，人对道的理解蕴含“复”或循环的进路。

可以注意到，在老子那里，存在本身的形态与把握存在的方式这两者并不彼此分离，事实上，老子对存在本身的规定和如何把握存在、如何“在”世的理解相互关联。回到一开始提出的“虚静”问题。从存在形态来看，“虚”和“静”是存在的第一原理，它使道区别于经验世界中各种有具体规定的对象；就如何把握“道”而言，“虚”和“静”又构成了合乎道的生活所以可能的前提：所谓“致虚极，守静笃”便是从“虚”和“静”的存在形态出发，以“致虚”和“守静”为“达道”的方式。在此，“虚”和“静”既是道的存在形态，也与达到这种存在的方式相联系。老子一再向存在的终极根据追溯、要求回归“婴儿”状态等等，也体现了向“虚”和“静”回归的进路，所谓“复归其根”，也可从这一角度加以理解。

第十七章

原文：

太上，下知有之。其次，亲而誉之。其次，畏之。其次，侮之。信不足焉，有不信焉。悠兮，其贵言。功成事遂，百姓皆谓我自然。

释义：

这里问题开始由一般宇宙论、本体论的讨论，转入政治生活或政治哲学的领域。老子首先比较具体地描述了理想的政治形态和社会形态，所谓“太上”便属这一形态。在“太上”的社会政治形态中，“下知有之”，即尽管其中也有君主或社会的治理者，但一般的民众仅仅知道其存在，并不能感受到他的治理活动，也就是说，由于君主对民众的存在和活动不做任何干预，完全让民众自然而然的存在，故“虽有而若无”。其次的社会政治形态，是君主对民众较为关切，并能为民众办事，故获得民众的亲近和赞美。以上政治形态的特点在于君主开始影响民众的生活，尽管其作用呈现正面或积极的意义，但较之“太上”任民之自然，已属等而下之，所谓“其次”，也表明了这一点。后面的“畏之”“侮之”，相应于君主的不同治理方式：“畏之”，意味着君主以严刑峻法为统治方式，所谓“赖威权也”①；“侮之”，则表明其统治方式已触犯民众利益，并引发了民众的不满和反叛，两者的共同特点是君主违背自然原则，对民众过多地加以干预。

“信不足焉，有不信焉”，指出了民众对君主抵触的根源。从现代政治哲学的角度看，这种状况意味着遭到了“信任危机”：最高统治者的权威性在一般民众中开始受到质疑。“信任危机”事实上也涉及统治者本身的合法性问题：“信任危机”的背后是合法性的危机，而一旦合法性产生危机，整个社会就会陷入无序化状态。老子肯定统治秩序或治理方式应该获得民众的信任，并认为民众的信任与否构成了统治是否合理的依据，这种观念无疑表现了早期道家比较注重民众在政治生活中的作用。对老子而言，产生信任危机的根源，主要在于偏离了“自

① 王弼．老子道德经注：第十七章//王弼集校释．北京：中华书局，1980：40.

然无为”的原理，从政治运行方式看，前面“太上，下知有之”便属“为无为”的自然过程。可以看到，老子把循乎自然无为的原则视为避免在政治上走向信任危机的前提。

后面提到“贵言”，其中的“言”不仅仅指理论的表达或道德的言辞，在政治实践领域，它更多地与政策法令的颁布联系在一起。“贵言”的直接含义是以“言”为贵或谨慎用“言”，与“言”的以上含义相应，这一意义上的“贵言”，即避免轻易地颁布各种苛繁的法令，或事无巨细地对百姓做各种具体规定。第五章中提到“多言数穷”，第二十三章提到“希言自然”，也从不同方面表达了类似的要求，这可以视为老子一以贯之的观念。政令繁复意味着有意安排，每个人举手投足，各种行为都被规定在政令范围之内。在老子看来，合理有序的政治生活不需要靠这种过于严格的设计安排，可以放手让民众自己去做。“功成事遂，百姓皆谓我自然”，即每一个体都根据自己的聪明才智和觉得合适的方式去展开各自的行为，由此形成一定的结果，这种结果并不是在别人的约束或外在高压之下形成的，而是完全出于自我的意愿、按照自我选择的方式达到的。换言之，民众都可以发挥自身的作用，由此使整个社会最后达到和谐有序的状态，这种社会形态并不是君主有意安排的结果，而是个体自然作为的产物。这种政治秩序在某种意义上和现代政治哲学中的波兰尼、哈耶克等人提到的“自发秩序”（spontaneous order）有相通之处，其形成既非通过人有意识的建构，也不是基于苛繁细致的政令。老子所说的“太上”之世，便属于这种理想的社会状况：所谓“下知有之”，也就是民众仅仅知道有君主，却并不实际地感受到其存在，对老子而言，让百姓忘却君主的存在，才是政治领域的最高境界。

本章首先体现了对民众在政治生活中作用的重视，同时，从统治或治理方式看，又突出了有意为之与自发秩序之间的差异。在先秦的哲学中，儒家也肯定民众在政治领域和在社会生活中的作用和意义，孟子提出的“民为贵”，通常都将其理解为“民本”思想，然而，在孟子那里“民为贵”并不仅仅限于“以民为本”，它同样也涉及以民众意向为判断治理是否合理的依据，尽管在孟子那里，这一点表述得比较隐晦思辨，并常常与所谓“天意”交杂在一起。在谈到“尧”让位于“舜”时，孟子特别强调：“昔者尧荐舜于天而天受之，暴之于民而民受之。……使之主事而事治，百姓安之，是民受之也。”① 在此，民众的接受、认可，构成了政治权力合理转换的根据：“天意”的背后实质上是“民意”。老子以另一种方式表达了类似的观念，肯定民众在政治生活中的实质意义并不仅仅表现为他们的存在是社会所以可能的前提（社会没有民众就不成其为社会），而且在于他们对治理方式认可与否：后者构成了这种方式是否合理的衡量标准。

① 孟子·万章上.

所谓“功成事遂，百姓皆谓我自然”，便意味着否定通过颁布苛繁细致的政令来维系社会秩序的治理方式，确认“自然无为”这一政治生活的原则合乎民意，并具有相应的政治合理性。

在哲学的层面上，值得注意的是，在“功成事遂，百姓皆谓我自然”的表述中，本章明确地提出了“自然”的概念。作为中国哲学的重要概念，“自然”的宽泛含义是“自己如此”，具体地看，就存在状态而言，“自然”表明非使然，即事物的存在和运行以自身为原因；就其与人的关系而言，“自然”则表现为没有人的目的、意志的介入或不为人的意志、目的所左右。总体上，“自然”表现为既非依赖他力或外力，也非凭借以目的、意志等形式呈现的自力。引申而言，自然也表示“本来就这样”（与后来人为的加工相对）以及为人行事的真诚直率（与有意的矫饰相对）。在《老子》文本中，“自然”一词共出现了五次，大致体现了自然的以上含义，但同时又各有侧重。如上所述，本章的“功成事遂，百姓皆谓我自然”，首先涉及实践层面，表示行为过程自然而然，既非外力作用，也非刻意安排。与之相近的是第二十三章的“希言自然”，其直接的含义是少说话，引申之义则是避免过多地颁布苛严的法令或政令。第六十四章的“辅万物之自然，而不敢为”也体现了类似的观念。第二十五章的“道法自然”则包含更为多样的含义：在本体论上，它意味着非依赖外力，以自身为原因，这一论域中的“自然”

与外在主宰意义上的“使然”相对，后面第五十一章中的“夫莫之命而常自然”，体现了与之一致的含义；在价值论上，“道法自然”则表现为避免目的、意志的渗入，以合法则为践行的基本原则。

第十八章

原文：

大道废，有仁义；慧智出，有大伪；六亲不和，有孝慈；国家昏乱，有忠臣。

释义：

这里首先对“道”和“仁义”做了比照。“仁义”可以从广义和狭义两个方面去理解：广义上看，“仁义”可以视为约束社会成员的普遍规范或一般准则；狭义上看，“仁义”则与儒家所提倡的价值规范相联系。老子对仁义的理解，同时包含以上两重含义。就前一方面而言，问题涉及“道”与一般社会规范之间的关系——社会规范是如何出现的？“道”本来处于未分化的状态，以混而为一的方式存在，在这种形态之下，既不存在对象之间的区分，也不存在社会领域中不同的行为以及约束多样行为的规范。从这一角度看，作为一般规范的“仁义”并不是“道”的题中应有之义。“道”本身拒斥分化并以统一的形态存在，只有当这种统一形态被破坏之后，才由“道”分化出各种现象：从自然来看，经验世界中的山川、草木等等对象由此形成；从社会来看，不同阶层、领域的区分以及引导处于相应阶层、领域的行为的不同规范也随之产生。规范以分化为前提，“道”则以统一为其特点，在这一意义上，两者显然不同。

后面提到的“慧智”和“大伪”，其间关系也与上述情形有相类之处。“慧智”近于“知识”或世俗之知，与今天所理解的“智慧”正好相对，所谓“慧智出”，也就是“世俗之知”的形成，这种“知”一般被用作猎取名利的手段，其形成往往导致“伪善之举”：为了达到某种名利的目的而刻意地做出合乎规范的行为即与之相关。与上述现象相联系的是“孝慈”和“忠臣”。在原初纯朴的形态下，并不存在这一类现象和人物，也不需要对其加以提倡和表彰。只有当社会成员之间发生了问题，人与人之间的关系出现了紧张，包括家庭成员间出现“六亲不和”这一类现象，“孝慈”才成为需要加以倡导的品格：如果人与人的社会关系本身和谐和完美，“孝慈”等要求也就失去了其存在的必要。同样，在广义的政治领域中，只有当出现政治秩序失衡、“国家昏乱”等情况之后才彰显出“忠臣”的价值，如果政治秩序处于和谐状态，则“忠臣”作为榜样的感召力也就失去了意义①。

这里同时可以注意到儒道之间的差异。从一个方面看，儒家并不完全否定自然的观念，在追溯“仁”“孝”等概念时，早期儒学总是最后追溯到人的自然心理情感。如孔子讲到“孝”和“三年之丧”时便认为，守三年之丧，是出于子女对父母的自然情感，这种情感构成了孝的原始根据。然而，在对既成社会规范的理解方面，儒家往往趋向于承认这种规范的价值。与儒家相对，老子则对社会规范本身持质疑的态度，这种质疑多少缘于社会规范容易导致作伪，前面（第二章中）提到的“天下皆知美之为美，斯恶已。皆知善之为善，斯不善已”，与这里的思想进路在逻辑上前后相通：一旦标榜或提倡某种原则和规范，就会出现刻意仿效、有意为之以博得外在赞誉的行为，此即老子所说的“大伪”。在老子看来，唯有保持“道”的原初形态、远离各种社会规范，才能从根源上消除“伪善”，所谓“大道废，有仁义；慧智出，有大伪”等等，主要就此而言。

---

① “大道废，有仁义”，帛书乙本作“故大道废，安有仁义”，郭店楚简《老子》残简也作“故大道废，安有仁义”。这里的“安”可作“因而”解，也可释为“怎么会”。前者意味着“大道”与“仁义”之间的不一致（“大道废”导致“仁义”出），后者则肯定了“大道”与“仁义”之间的一致性（无“大道”，则也无“仁义”），两者侧重虽然有所不同，但在以“大道”为主导这一点上，又具有相通性。

从历史的层面看，由未分到分化是文明发展的必然趋向，因此，问题不在于拒斥这样的分化，而是在既分之后使统一的形态在新的层面得到重建，社会的规范则是重建这种统一的必要手段，对于这一点，老子显然缺乏充分的把握，比较而言，儒家在这方面更多地展现了历史的意识。

第十九章

原文：

绝圣弃智，民利百倍；绝仁弃义，民复孝慈；绝巧弃利，盗贼无有。此三者，以为文不足，故令有所属，见素抱朴，少私寡欲。

释义：

这一章与前一章的思想取向具有相关性。从字面的意义上看，“绝圣弃智”中的“圣智”，“绝仁弃义”中的“仁义”，“绝巧弃利”中的“巧利”，都与自然相对而表现为世俗的品格或世俗的价值规定。在老子看来，“圣智”是导致各种社会问题的缘由；“仁义”作为约束人行为的规范，其出现本身是因为社会发生了问题；“巧利”则是偷盗等社会现象产生的根源。唯有抛弃这些价值规定，回到自然的存在形态，才能避免各种负面的消极后果。为什么“绝圣弃智”，就能引向“民利百倍”，“绝仁弃义”就可达到“民复孝慈”？其根本的原因在于，通过“绝圣弃智”“绝仁弃义”，各种文明的价值规定和规范便可被消解，人则将由此回复本然的天性，社会也可复归没有等级分化、没有利害冲突的存在形态，以此为前提，人的存在价值可以得到充分实现（“民利百倍”），合乎本然之性的淳朴风尚也将回归（“民复孝慈”）。同样，财富的存在是人的欲望萌发的根源，如果不存在这些财富或者不把它们看作财富，就不会有千方百计地试图占有、获取的冲动，也不会发生以非正当（如偷盗）的方式去攫取的现象。前面（第三章中）提及，偷盗等现象的出现，是因为有“难得之货”，“不贵难得之货”便可以“使民不为盗”，所谓“绝巧弃利，盗贼无有”，主要从人的价值取向这一角度，表达了类似的观念。

以上更多地从否定的视域，对“圣智”“仁义”“巧利”等文明规定做了抨击。后面则侧重于肯定之维。“见素抱朴，少私寡欲”意味着扬弃外在的文饰，回复本然之性。“素”本来是指没有染过的丝，在此隐喻本然的规定，“朴”是未经雕琢之木，也喻指事物的本然形态。可以看到，老子注意到了知识、规范、财富可能引发的消极意义。确实，在文明化的社会中，普遍的规范可能导致各种伪善之举，财富会激发人的各种欲望，“圣智”“仁义”“巧利”则可能成为名利的工具，这些现象都表现为负面的存在形态。然而，历史地看，知识、规范、财富对人的存在本身并不仅仅具有消极的意义，走向合乎人性的社会形态，事实上也无法完全抛却以上方面。老子对以上规定完全持否定的态度，无疑仅仅见其一而未见其二，其思维进路也相应地呈现抽象的性质。

顺便提及，“绝圣弃智，民利百倍；绝仁弃义，民复孝慈；绝巧弃利，盗贼无有”在郭店楚简的《老子》残篇中表述为：“绝智弃辩，民利百倍；绝巧弃利，盗贼亡有；绝伪弃虑，民复孝慈”，后者与通行本的主要差异在于没有提及“仁义”。然而，从哲学的层面看，两种表述在实质上并没有根本的区别。前面已提及，“仁义”可以做广义或狭义的理解：从狭义上说，它们与儒家提倡的特定价值原则相一致；从广义上看，则可以泛指一般的社会规范系统。与之相应，对仁义的批评，既针对儒家的伦理原则，也涉及一般的规范系统。对老子而言，世俗之智及社会规范系统（包括儒家的伦理原则）之所以应当疏离，主要在于它容易偏离本然之性而导致伪善之举，前一章（第十八章）中提到，一旦本然之道被抛弃、世俗之智得到发展，便常常容易引发各种外在之“伪”，所谓“大道废，有仁义；慧智出，有大伪”。郭店楚简的《老子》残简中提到“绝智弃辩”

“绝巧弃利”“绝伪弃虑”，事实上也体现了类似的思路，尽管以上表述没有提及“仁义”等规范，但其实质指向，同样涉及这类规范：“智”和“辩”、“巧”和“利”、“伪”和“虑”与“仁”和“义”在价值的层面处于同一序列，运用“智”和“辩”、“巧”和“利”、“伪”和“虑”往往将导致虽合乎仁义等外在规范但却背离自然之性的伪善之举；“绝智”“绝巧”“弃虑”等等便旨在消除以上行为的观念根源。

第二十章

原文：

绝学无忧。唯之与阿，相去几何？善之与恶，相去若何？人之所畏，不可不畏。荒兮，其未央哉！众人熙熙，如享太牢，如春登台。我独泊兮，其未兆，如婴儿之未孩。儽儽兮，若无所归。众人皆有余，而我独若遗。我愚人之心也哉！沌沌兮！俗人昭昭，我独昏昏；俗人察察，我独闷闷。澹兮，其若海；飂兮，若无止。众人皆有以，而我独顽似鄙。我独异于人，而贵食母。

释义：

本章的讨论关乎理想的“在”世方式。“绝学无忧”是接着上一章而言，与“绝圣弃智”或“绝智弃辩”一致。尔后，老子提到了差别的相对性问题，并列举了几种现象：“唯之与阿”“善之与恶”等等。“唯”表示赞同、应允，“阿”，刘师培认为当作“诃”①，意为“怒斥”；善与恶，则指对立的价值性质。赞同与怒斥、善与恶本来泾渭分明，然而，在老子看来，这些差别仅仅具有相对的意义。由区别的相对性，又引出事物间的互动性、相关性，在“人之所畏，不可不畏”中，便可看到这一点。此句帛书乙本作“人之所畏，不可不畏人”。“人之所畏”即人所畏惧的对象，可以理解为君主、统治者等等；“不可不畏人”则表明被众人所畏惧者，对畏惧他的人应有畏惧之情，这与老子在前面对民众重要性的肯定相呼应。前面老子一再提到，应当让民众各自发挥自己的才智，而不是人为地去限定或约束他们，在此意义上，君主和民众、统治者和被统治者之间存在互动的关系。从差别的相对性到人与人之间的相关性和互动性，其间存在内在的逻辑关联。

在老子那里，以上观念有其本体论的前提，后面提到的“荒兮，其未央哉”，便体现了这一点。“荒”本来有广漠之义，是对宽广、无限的形象性描述，“未央”即无穷无尽，表明世界本身呈现为无限的形态。从无限的观点来看，对象世界中不同事物之间的差别，便只具有相对的意义：在本体论上，较之无

① 张松如．老子校读．长春：吉林人民出版社，1981：116．

限的存在而言，各种具体对象之间的差异只具有相对性。事实上，在老子那里，常常可以看到价值观意义上的主张与本体论上的立场之间的相互关联，老子在本体论上反复强调“道”在时间和空间上都具有无限的品格，这种看法同时为价值观上提出差别的相对性、对象之间的可转换性提供了本体论根据。

从逻辑上看，老子一开始提出差别的相对性，与将讨论的后继问题前后相关。下面提到名与利、知与不知等关系，这些问题在世俗之人（众人）的眼中似乎都有各自明确的界限，他们竭力追求的，是他们所认为有价值的名与利，为此，他们熙熙攘攘，出入于各种名利之场，如同赴盛宴，如同春日登台。从老子前面提到的差别相对性原则来看，这种名利的观念以及价值的追求，并不具有绝对的意义，后面所述，便是与之不同的价值原则和立场：较之众人忙忙碌碌，追求名利，老子心目中的理想人格（“我”）却淡泊名利。世俗之人在如上追求中常常呈现斤斤计较的形态，理想人格却显得如婴儿般的纯朴、天真。在名利的追求中，大家都忙于搜罗和积累财富（所谓“皆有余”），而理想人格却正好相反，趋向于将众人所孜孜以求的东西弃而遗之（“独若遗”）。这里以“独”表示“我”与世俗之人的差异，但本章所说的“独”并非离群索居、游离社会，恰好相反，“我”乃是在与众人共在的过程中，展现独立的品格。

知识的形态也是如此。世人对知识总是明于辨析，世俗之知在某种意义上就是分析之知，它把各种利害关系分析得清清楚楚，对象的界限划分得明明晰晰，理想的人格（“我”）则试图打破这种界限，达到统一之道，“俗人昭昭，我独昏昏；俗人察察，我独闷闷”，便包含如上含义：“昭昭”和“察察”都有清晰、明辨之义，“昏昏”和“闷闷”则是对这类明晰界限的超越，后者更多地表现为对统一之道或智慧的追求。在实践上，以上分辨便展开为各执一端、自以为用，所谓“众人皆有以”①。对老子而言，各种差异，包括对名与利的区分、对知与无知的分辨、对不同意向的自恃，等等，归根到底是对“道”的偏离。“我独异于人，而贵食母”，“食母”即“生之本”②，可以视为“道”的隐喻③。“我”（理想人格）与众人的差别概括起来即表现为对“道”的态度不同，其内在特点在于将把握“道”作为追求的目标，把依“道”行事、根据“道”的原则来存在和生活作为人生的基本态度。所谓“我独顽似鄙”，“我”看似冥顽乏能，但所作所为，都无不合乎“道”，从而与“皆有以”（自恃）的众人不同。可以看到，对“道”的追求和依循，构成了

① 河上公：“以，有为也。”（王卡．老子道德经河上公章句．北京：中华书局，1993：82）王弼：“以，用也。”（王弼．老子道德经注：第二十章∥王弼集校释．北京：中华书局，1980：48）释德清：“以，犹自恃也。”（释德清．道德经解：第二十章．上海：华东师范大学出版社，2009：63）

② 王弼．老子道德经注：第二十章∥王弼集校释．北京：中华书局，1980：49．

③ 苏辙：“道者，万物之母。”（苏辙．道德真经注．上海：华东师范大学出版社，2010：28）

理想人格区别于世俗之人的根本之点。这里不妨回到老子前面所说的“若无所归”：从外在的形式看，这意味着在众人忙忙碌碌地为名利奔波时，置身事外，仿佛找不到归宿。但“若”只是形之于外的方面，如同“大智若愚”，呈现于外的“愚”非真“愚”。对真正把握了“道”的理想人格来说，这里事实上蕴含着更为充实的追求：他虽无世俗意义上的归处，却以回到“道”的智慧中为其真实归宿。

老子的以上看法与前述对“道”的理解彼此呼应。如前所述，老子一再强调，作为存在原理，“道”具有未分化的形态，世间的各种问题，包括价值观上的各种差异、各种世俗目标的分野等等，归根到底都是分化了的世界所产生的现象，也就是说，只有当“道”分化为各种具体对象、呈现为千差万别的世界之后，才会出现多样的社会现象；世间的各种纷争、计较都来源于执着于分化世界中的各种差异。以“道”的领悟为前提，理想人格所言所行的积极意义，就在于不断超越各种分而别之的界限，达到道的智慧，由此回归统一的存在形态。老子之所以在本章一开始便突出差异的相对性，其原因就在于试图以此为消解执着于分的人生态度提供本体论的前提。

第二十一章

原文：

孔德之容，惟道是从。道之为物，惟恍惟惚。惚兮恍兮，其中有象；恍兮惚兮，其中有物。窈兮冥兮，其中有精；其精甚真，其中有信。自古及今，其名不去，以阅众甫。吾何以知众甫之状哉？以此。

释义：

本章开宗明义，提到了“道”与“德”的关系。“孔德”即大德，这里所说的“德”首先是一个本体论的概念，与通常所说的“德性”之“德”有所不同；从本体论上看，相对于“道”而言，德包含具体的规定性，但“德”与由之构成的特定事物又有所不同：较之具体事物，“德”具有更为普遍的性质，因而可言“大”（所谓“孔德”）。具体事物形态各有差异，追溯其根据，总是由“德”而回复“道”，这里着重强调了“道”是“德”的根据。后面对作为“德”之根据的“道”做了若干描述，一方面，“道”恍恍惚惚，表明它与具体经验现象不同，因为经验现象是确定的，其规定性很清楚，不存在恍惚的问题。另一方面，老子又肯定“道”中有“象”、有“物”、有“精”，这些规定又与“真”“信”相联系。“真”不同于虚幻而包含实在性，“信”同样具有可靠之义。这些方面表明，道是真实的存在。

从表述的形式看，这里的“象”“物”“精”尚带有实体性的特点，老子用这样一些概念去规定“道”，也相应地表明对“道”的理解涉及实体性之维。不过，就实质的层面而言，老子在此着重突出的是“道”作为存在原理所具有的真切实在性。“道”并不仅仅是抽象的概念，前面已一再提到，在老子那里，作为本体论的范畴“道”既是存在法则，又是存在原理，后者不仅关乎存在的根据，而且在广义上涉及存在的形态，并与实体性的规定相联系。

对“道”的以上理解，同时规定了把握存在的方式。如何理解事物的存在形态？这里提到了追溯事物的开端，所谓“以阅众甫”：“甫”有开始或开端之义①。以存在形态为关注之点，

① 王弼：“众甫，物之始也。”（王弼．老子道德经注：第二十一章//王弼集校释．北京：中华书局，1980：53）焦竑也认为：“甫，始也。”（焦竑．老子翼：二十一章．上海：华东师范大学出版社，2011：56）

则唯有从其已有形态追溯到它的开端，才能比较具体地了解该事物。对事物的层层追溯，往往将引向整个世界的开端，并最终指向普遍之“道”。向“开端”追溯通常会涉及时间问题，其中蕴含时间的观念。任何具体的事物总是经历存在的时间，然而，作为具体事物之最后根据的“道”本身却超越于时间，这样，一旦达到了“道”，就不存在进一步上溯的问题。超越时间具有逻辑在先的意味，当然，在老子那里，其本体论思路并不仅仅是形式化的，因为他试图说明的，乃是存在本身；就其面对世界而言，这种进路同时又具有实质的含义。从另一侧面看，这一进路同时强调了对存在的把握不能仅仅注目于纷繁的现象层面，而必须追寻其外在呈现背后更本原的根据，即“道”。这里需要注意的是，在老子那里，作为存在原理的“道”和作为考察存在方式的“道”本身具有相通性：存在的原理运用于考察存在的过程，便转化为理解存在的方法，两者呈现内在的一致性。

第二十二章

原文：

曲则全，枉则直，洼则盈，敝则新，少则得，多则惑。是以圣人抱一，为天下式。不自见故明，不自是故彰，不自伐故有功，不自矜故长。夫唯不争，故天下莫能与之争。古之所谓曲则全者，岂虚言哉！诚全而归之。

释义：

这一章涉及自然与社会的不同关系。“曲”与“全”、“枉”与“直”、“洼”与“盈”、“敝”与“新”之间既彼此区分，又存在可以相互转化的一面。“曲”既有委曲之义，也表示不完整、不全面，从后一意义上看，由“曲”向“全”的转化，表现为从不全面走向全面。“枉”表明不直，“枉”而“直”则是由不直向直转化。“洼”与水坑相涉，表示低陷而不充足，“盈”则以充满为特点，由“洼”向“盈”转化，表现为从不足转向充盈。“敝”意味着陈旧，从“敝”到“新”，表现为由旧而新，如此等等。

以上所言，涉及不同方面之间的转化，这种转化以差异的存在为前提，同时，转化又基于不同方面之间的统一：如果完全缺乏统一性，则相互对立的两个方面之间的转化也难以实现，这里涉及差异和统一的关系问题。与之相联系，从形式的层面看，老子在此似乎忽略了转化的条件性，但如果做进一步分析，就实质的层面而言，则可以看到，与第二章对善与不善、美与丑等转化的条件未能充分注意有所不同，这里对转化何以可能的条件性仍给予了某种关注，从根本上说，其中所涉及的即是前述统一性问题：转化之所以可能，主要便在于差异或对立的不同方面之间包含统一的形态。老子正是由此而引出“是以圣人抱一，为天下式”的结论，“抱一”即以统一的存在和确认为前提。“抱一”乃是相对于前面提到的种种差异现象而言，它所应对的是如何超越“分”、使事物间的转化引向正面的意义。就终极的意义而言，这里的“一”可以视为“道”，“抱一”则意味着守住统一之“道”。

前面涉及的，主要是宽泛意义上的“天道”：从天道这一层面看，一切现象都在统一（“抱一”）的形态下彼此相异又相互转化。后面由“天道”转向“人道”，事实上，在老子那里，“天道”和“人道”呈现相互呼应的关系。老子对“天道”的考察并不仅仅是为了满足对象层面的兴趣，它总是指向人“如何在世”的过程，从而与“人道”问题联系在一起。“抱一，为天下式”，即指不执着于差异而以统一的视野去观察对象、面对存在。“见”与“明”、“是”与“彰”、“伐”与“功”、“矜”与“长”之间，同样存在相互转化的关系，在此，“不自见”“不自是”“不自伐”“不自矜”构成了向“明”“彰”“功”“长”转化的条件，而这种转化之所以可能的根本前提，就在于“抱一”。在此，人道层面存在形态的相关性（“抱一”），制约着观念层面与价值形态的彼此转化。

后面又一次引向“争”与“不争”的问题。老子在第三章曾提及“不尚贤，使民不争”，在第八章中又强调“夫唯不争，故无尤”，“不争”构成了其一以贯之的观念。初看，这里讨论的“争”似乎与前文没有直接的联系，然而，如果做更具体的考察，则可以注意到两者的内在关联。这里的实质在于，“争”的前提是存在差异和分别，可以说，差异和分别构成了“争”的本体论前提。唯有将“抱一”的原则贯彻到底，才可能消解和超越彼此的相“争”。此处虽然没有直接提到以上关联，但实质上却肯定了，只要坚持“抱一”原则，便可以做到“不争”。

进一步，“不争”本身又构成了他人无法与之相争的条件：一旦能够真正做到“不争”，则天下皆无法与之相争。本章最后又谈到由“曲”而转化为“全”，综合而论，其中既有前面所说的天道观意义，也涉及人道观，从人道的角度看，由“曲”而转化为“全”便意味着放弃生活领域中琐屑之争，达到更为充实、全面的存在境域。所谓“诚全而归之”，便表明了这一点。

不难看到，“不争”以肯定存在的统一为本体论根据，由此，也可以从一个侧面了解为什么老子一再强调“无”，“和其光，同其尘”，“恍惚”，等等。事实上，在形而上的层面肯定“和”“同”以及与之相关的统一性，有其价值论的多重意义，“不争”即其中之一。“天下莫能与之争”，意味着在存在形态上已超越了世俗之间相争的境域，达到了更高的存在形态，这就使他人无法与之相争。在这里，“不争”同时具有了本体论的意义。由此不难注意到，老子所讨论的统一、差异、转化等等，这些问题之间看似没有直接的关联，但实质上却有着内在的逻辑关系。

第二十三章

原文：

希言自然。故飘风不终朝，骤雨不终日。孰为此者？天地。天地尚不能久，而况于人乎？故从事于道者，道者同于道，德者同于德，失者同于失。同于道者，道亦乐得之；同于德者，德亦乐得之；同于失者，失亦乐得之。信不足焉，有不信焉。

释义：

这一章首先从“人事”讲起，与前面的叙述方式略有差异。抽象地看，“希言”即“少说话”，但如前面所论，在老子那里，“言”同时与“政令”“法令”相关，从而，“希言”又与社会领域中治理的方式联系在一起，这一意义上的“希言”意味着不要颁布繁琐、苛严的政令，让一切顺其自然。所谓“希言自然”，便表明了这一点。

紧接以上观点，老子立即回到天道之域，谈各种变化，所谓“故飘风不终朝，骤雨不终日”，便从风雨的变动不居，展示了这一点。从表面上看，这似乎有点突兀，但在实质的层面，又不难注意到其中的内在关联。政策法令的功能之一在于使社会阶层固定化，让每一位社会成员各安其位、互不越界，秩序在某种意义上也趋向于社会领域的固定性，“希言”则与这种趋向相对，它对“政令”“法令”的疏离和淡化，同时意味着解构固定化趋向，这与后面所讲的一切皆变、无物常驻，无疑前后呼应：自然现象的变化从天道的角度表明，试图主观地将千差万别的社会现象用繁琐的政令凝固起来，是难以办到的。整个自然都在不断地变化，天地在使各种自然现象变迁的同时，自身也经历了变化。变化意味着无法固定于某种模式，天地的变化表明天地本身也难以持久：天地无法永恒地处于某种存在形态。人世也同样如此。在这一意义上，所谓“希言自然”，也就意味着不以“政令”“法令”将社会凝固化，其中体现了对自然法则普遍制约的肯定。

身处变迁的世界，如何加以应对？本章开头的“希言自然”已做了提示，即合乎自然。人的行为、活动总是离不开“道”，以“道”为引导原则，是行为合理展开的前提。所谓“从事于道者”，已从整体上肯定了这一点。从“道”出发或基于“道”，则可以视为合乎自然的基本形式，焦竑认为，“从事于道则自然矣”①，亦有见于此。后文“道者同于道，德者同于德，失者同于失”，从不同方面展开了合乎自然这一基本原则：从道出发，则其行合乎道；基于德，则其行合乎德；无所依据，则其行也同样空无所据。行道与道、行德与德、行其所无（失）与失之间的如上关系，都自然而然。与之相联系，合乎道者，其行为将为道所肯定，此即所谓“同于道者，道亦乐得之”；合乎德者，其行为将为德所肯定，此即所谓“同于德者，德亦乐得之”；行无所据者，其行为则将无所得，此即所谓“同于失者，失亦乐得之”。

“道”可以理解为最为普遍的引导原则，“德”则与具体事物联系在一起，在这一意义上，也可以将后者理解为特殊领域中的特殊规范，人之所行，既关乎普遍意义上的“道”，也与不同领域的特定规范（德）相关，既不遵循“道”，也不合乎“德”，即表现为“失”。本章最后提到“信不足焉，有不信焉”，此句在第十七章中已经出现过，帛书《老子》甲本与乙本，皆无此句，但在王弼本、傅奕本、景福老子道德经碑中，此句则仍保留。从形式上看，这一句与上文所述虽然似无直接关联，但其内容与前述部分仍具有某种呼应性：本章一开始提到社会

① 焦竑．老子翼：二十三章．上海：华东师范大学出版社，2011：60.

领域中的治理方式（“希言自然”），最后又回到社会如何才能长治久安的论题。以自然的原则治理社会，君主（治理者）首先需要具有可信赖性，由此，民众才可能形成对统治者的信赖感，在这一意义上，自然原则并不是抽象、空泛的，它最终应体现于君主与民众的现实关系。

第二十四章

原文：

企者不立，跨者不行，自见者不明，自是者不彰，自伐者无功，自矜者不长。其在道也，曰余食赘行。物或恶之，故有道者不处。

释义：

本章一开始便列举了一系列现象，其共同特点是有意而为之。“企”即有意地踮起脚，如此往往难以久站；“跨”即两脚刻意张开并立，如此则无法行走（行走需两脚前后移动，而非两脚张开并立）。老子对根基性、本原性的东西特别关注，在引申的意义上，“不立”意味着缺乏安身立命、社会秩序得以稳固的基础。在老子看来，以人为、刻意的方式去追求这种基础，其结果正好南辕北辙、适得其反。同样，自己努力去看，往往视物不明。与之相类似，自以为是、自居其功、自视甚高，这些行为在广义上都可以视作与“自然”相对意义上的“人为”方式，它们所导致的则分别是缺乏正确判断、难以实际地建功立业、无法真正领导民众。以上所述的“自见者不明，自是者不彰，自伐者无功，自矜者不长”与第二十二章“不自见故明，不自是故彰，不自伐故有功，不自矜故长”形成了某种对照：前者属有意为之，并呈现消极的后果；后者则顺乎自然，体现了积极的意义。

从道的角度看，一切人为都是多余之举，“余”“赘”都有否定的意义。这里着重指出的是“人为”和“自然”的对立，众所周知，在老子那里，“自然”与“道”处于同一序列，“故有道者不处”，便指出了这一点：真正把握了“道”并依“道”而行者，不会有以上的人为之举。当然，对“人为”的批评，也可能导向消解人的作为，但以“为无为”为前提，老子所强调的主要是依道而行与“道法自然”的一致性。老子在此提到“物或恶之”，这里的“物”可以宽泛地理解为人或是对“道”有所体悟者，而不是指对象意义上的某物。《中庸》中便有“成己”“成物”之说，其中的“物”也并不仅仅指外部对象，还包括人自身。事实上，老子在“物或恶之”之后，特别强调“故有道者不处”，也肯定了厌恶人为之举者与“有道者”之间的相关性。

第二十五章

原文：

有物混成，先天地生。寂兮寥兮，独立不改，周行而不殆，可以为天下母。吾不知其名，字之曰“道”，强为之名曰“大”。大曰逝，逝曰远，远曰反。故道大，天大，地大，王亦大。域中有四大，而王居其一焉。人法地，地法天，天法道，道法自然。

释义：

这一章首先涉及“道”的规定。老子曾从不同的角度对“道”进行了论述，这里所述可以视为具有总体意义的界说。“有物混成”中的“混”，有浑而未分之义，表现了“道”没有分化为具体事物之前所具有的原初统一状态。“先天地生”主要强调时间上的超越性，后面的“寂”“寥”本来有无声、无形之义，此处首先区别于现象世界的多样特性。同时，“寂”“寥”也突出了道超越感性、超越现象的规定，表明它并不像具体经验事物一样，可以用感性的方式加以把握。“独立不改”，帛书《老子》乙本作“独立而不改”，其内在含义则主要是“道”本身以自身为原因，不为超然的外在力量所支配，唯其以自身为原因而无须依赖于外部力量的推动，故“不改”。“周行而不殆”着重指出了“道”运行发展的特点：“道”非静态，而是展开为一个运行的过程，这个运行的过程在老子那里常常以循环的方式展开。以循环为自我运行的特点，与前述“道”以自身为原因、空间上没有限定这一特性相联系：对具有无限性品格的存在来说，其运行的过程往往表现为循环形式，它无法向另外一个终点或方向发展。“可以为天地母”指出了道为“万物”的根据，“母”本来涉及生成与被生成的关系，这里主要表示“道”乃是万物的本原。

上述形态的“道”，老子进一步以“大”来表示。“大”本来与广延相涉，在此主要隐喻和彰显“道”在空间上的无限性品格。在直观的日常语言中，“大”常常给人以空间上的联想，具有普遍覆盖、没有限定的特点，在老子看来，这也构成了“道”的品格。“大曰逝，逝曰远，远曰反”，从“大”的角度看，道首先与空间的形象联系在一起，“逝”便表现为空间上的扩展，这同时合乎人的日常经验，事实上，老子在描述“道”时，常常联系日常经验。“远”表明这种扩展无限延伸，具有普遍的涵盖性。“远曰反”则意味着这种扩展并不像黑格尔所说的“恶的无限”那样朝向无终点的方向演化，而是最后返回自身，它从另一个侧面表明，“道”乃是以自身为原因、至大无外的无限存在，其运行的过程只能以循环的方式进行。以上是对“道”的大致描述：它呈现自我同一（浑而未分）的品格，超越特定时空，循环变迁，又以自身为原因，具有无限性。

“道”的以上本体论品格在后面进一步被引向人的存在，所谓“域中有四大”之说中，便展现了这一趋向。由“道大，天大，地大”，老子特别推出“王亦大”①，这里的“王”主要不是表示政治身份，它所着重的，是与天、地、道相对的另一种存在形态，即“人”；换言之，“王”在此首先可以理解为“人”的存在象征或符号②。在本章下文“人法地，地法天，天法道”之序中，“王”便直接以“人”来表示。与之相应，这里实质上提出了道、天、地、人四项，其中既包括广义的“物”（天地），

---

① 此句中“王”字，王弼、河上公本作“王”，而宋范应元《老子道德经古本集注》作“人”，但帛书《老子》及郭店楚简的《老子》残简都作“王”，由此似可推知，早期文本中，作“王”的可能性较大。

② 王弼：“天地之性人为贵，而王是人之主也。”（王弼．老子道德经注：第二十五章//王弼集校释．北京：中华书局，1980：64）这一解说亦主要以“人”释“王”。

亦涉及人，作为域中“四大”之一，人也构成了本体论讨论的对象，其中既体现了对人的存在价值的肯定，也包含着形而上层面的重要意义。

老子对“道”所做的如上描述，带有明显的形而上的特点，其侧重之点在于对存在本身的思辨规定，而并没有把人的视域以及人的知行过程引入进来，这种就存在而论存在的抽象思路在理论上可能引向离开人自身之“在”的纯思辨。事实上，在人的知行过程之外，存在总是难以摆脱抽象性，老子在对“道”做形而上的思辨规定的同时，又把人自身之“在”引入哲学之域，以人为域中“四大”之一，其实质性的内涵和意义，就在于对形上存在与人之“在”加以沟通。本章一开始人没有“出场”，只是对“道”做了思辨的规定，但在“道大，天大，地大，王亦大”的表述中，人被视为域中“四大”之一，世界之在和人的存在也开始被联系起来。正是通过“四大”之说，老子扬弃了对存在的思辨规定，并试图从比较现实的层面去理解存在本身。

就存在与人的关系而言，其形态可以区分为实在性和现实性，从本体论的角度看，本然的世界无疑具有实在性，因为其存在不依赖于人和人的意识。然而，当它仅仅具有本然的形态、尚未进入人的知行领域之时，其特点则表现为虽有实在性而缺乏现实性。真正具有现实性品格的存在，乃是经过人的知行过程、被人以观念或实践的方式所把握、打上了人的某种印记的存在。老子基于“四大”之说把世界的存在和人之“在”沟通起来，这一意义上的“道”不再仅仅呈现为知行过程之外的本然存在，或者说，不再单纯地具有实在性，而是同时获得了现实的品格。从总体上看，老子哲学在形而上问题上包含两重性。一方面，它一再离开了人自身之“在”，对“道”“德”“天地”等对象做思辨的理解和规定，在这一意义上，老子哲学显然仍具有思辨的形而上色彩；另一方面，它又表现出将世界之“在”和人自身的存在加以沟通的趋向，在“四大”之说中后一特点得到了集中的显现，从这方面看，它又与通常的思辨形而上学有所不同。

后面“人法地，地法天，天法道，道法自然”，从“人”“地”“天”“道”“自然”的关系中，进一步彰显“道”所具有的形上品格。一般而言，根据“人法地，地法天，天法道”等逻辑推论，往往容易陷入层层的追溯，由此引向超越层面的终极本原，然而老子在自然这一层面便打住了：作为普遍的存在原理，“道”本身不再以另一超验之物为其根据，所谓“道法自然”便强调了这一点。“道”的这一品格与上述“独立不改”前后一致：“道法自然”的实质意义在于突出“道”作为终极的存在，乃是以自身为原因，无须外在力量的推动。

第二十六章

原文：

重为轻根，静为躁君。是以圣人终日行不离辎重。虽有荣观，燕处超然，奈何万乘之主，而以身轻天下？轻则失本，躁则失君。

释义：

老子哲学的特点之一，是对事物的基础性、本原性方面的关注，本章对“重”、“轻”以及“静”、“躁”（“动”）的理解，也与之相关。“重”“轻”关系本身呈现直观的一面，一般说来，基础性的东西总是比较厚重的，日常生活中的地基、房基，都体现了这一点，老子的论述也常常会诉诸日常经验。当然，在老子那里，这种关注同时又与其在形而上的本体论立场相一致。“重”与基础的扎实、牢靠、稳健相联系，因此，尽管它在表面上似乎只是量的体现，但其背后蕴含的却是基础性、本原性之维。同时，重又与行为方式的稳重、稳健相联系，具有价值观的意义。从为人处世的角度看，不管是君主还是普通民众，都既需要在本体论意义上注重基础性、根基性的方面，也需要在行为上表现出与“轻率”相对的某种稳重品格。所谓“重为轻根”，便同时包含这两重含义。

同样，“静”与“躁”的关系也与之类似。静与重处于同一序列，日常生活中，寂静与凝重也常常相互关联；“躁”即动，与随意的变迁相关。“静为躁君”，意味着静态的存在方式对动态的存在方式具有主导意义。尽管老子肯定道也处于运动过程之中，所谓“周行而不殆”（第二十五章）便表明了这一点，但在终极的形而上层面，老子以虚静为第一原理，“静为躁君”的观念与之一致。

“圣人终日行不离辎重”中的“圣人”，帛书《老子》甲本及乙本皆作“君子”，表述虽有不同，但所指并无根本不同。其中论说的内容，则关乎日常经验。人的存在总是离不开物资的保障，就此而言，基本物资的提供对人的存在具有基础性、本原性的意义，对“辎重”的重视也体现了对人的生存本原的关注。“虽有荣观，燕处超然”，吴澄的解释为：“虽有荣华之境，可以游观，或暂时动而出外，然常在内，闲居静处，超然无一物累其心。此言动之主乎静也。”① 这一诠释注意到了此句与前述“静为躁君”的关联。

后面提到“以身轻天下”，从人的存在过程看，其中的“轻”与行为上的轻率、躁动相关。紧接此句的“轻则失本，躁则失君”，便更直接地将这些行为方式与本根的失落、主导的退隐联系起来。前面已提到，从逻辑上看，老子之关注“重”，与他对存在的基础、本原的重视相联系，肯定“重”与“静”的背后所隐含的实质意义，便是对根据的重视，而“轻率”“躁动”则常常意味着游离于基础，从而失去本根，后者将导致无根基的存在形态。在这里，注重“重”“静”与拒斥“轻”“躁”可以视为同一过程的两方面。

① 吴澄．道德真经吴澄注．上海：华东师范大学出版社，2010：36．

第二十七章

原文：

善行无辙迹，善言无瑕谪，善数不用筹策，善闭无关楗而不可开，善结无绳约而不可解。是以圣人常善救人，故无弃人；常善救物，故无弃物，是谓袭明。故善人者，不善人之师；不善人者，善人之资。不贵其师，不爱其资，虽智大迷，是谓要妙。

释义：

本章首先把“善”提到了重要的位置，一开始便列举了“善行”“善言”“善数”等不同特点。从最一般的意义上说，“善”意味着“好”，其意义并不完全限于道德之域。老子从广义之好（善）中，着重区分了形之于外和内在作用两种行为方式：有形和无形，内在和外在。真正好（或广义之善）的行为注重的是内在的作用而不是外在的形式，老子把内在规定作为评判“善”的标准，并特别加以突出。善于行走，不会留下外在痕迹；善于言说，不会显现外在的语病；善于计数，无须外在的算筹；善于关闭，无须栓锁也使人难以打开；善于打结，无须绳索也可以使人无法解开；如此等等。在此，广义之“善”或好，主要在于内在的作用和规定，而非关乎外在的形式。

引申而言，每一事物都各有其性，同时，无论大小、贵贱，等等，每一个体都有内在的价值。正因如此，“是以圣人常善救人，故无弃人；常善救物，故无弃物”。为什么要“救”人？因为作为人，自有其人之为人的价值，故不能弃之不顾。从物的角度看，每一具体对象也有其特定的内在价值，因而不能随意地加以否弃。这一过程，同时表现为顺乎对象本性而作用于对象，所谓“袭明”，即就此而言①。后面谈到“善人”“不善人”，此“善”既可从道德的角度理解，也与广义的“好”相关，并相应地可以就事物的自身规定来看。如果真正能根据事物各自的内在规定来评判事物价值，那么事物以及人自然都具有“善”的一面，所谓“不善人”，只是其价值没有得到确认。

当然，人的价值呈现多重方面，善于此，未必善于彼。有

---

① 释德清：“袭，承也，犹因也。《庄子》庖丁游刃解牛，因其固然，动刀甚微，划然已解，意出于此。”（释德清．道德经解：第二十七章．上海：华东师范大学出版社，2009：74）

此善者，可以为无此善者提供正面范例，成为其“师”；同样，无彼善者，也可以为有彼善者提供借鉴，成为其进一步发展的资源。懂得这些方面，即所谓“贵其师”“爱其资”，便体现了道的智慧，反之，则属“大迷”。事实上，以上观念确实与老子对“道”的理解前后呼应：对老子而言，尊重事物内在规定性，实质上体现了“道”的品质。进一步看，它又构成了评判和肯定事物与人自身价值的前提。存在领域中不可避免地会涉及价值判断问题，这里，老子在肯定“道”的前提下，把价值判断问题引入了存在领域。

第二十八章

原文：

知其雄，守其雌，为天下谿。为天下谿，常德不离，复归于婴儿。知其白，守其黑，为天下式。为天下式，常德不忒，复归于无极。知其荣，守其辱，为天下谷。为天下谷，常德乃足，复归于朴。朴散则为器，圣人用之则为官长。故大制不割。

释义：

本章以如何“在”世为关注的主要问题。“知其雄，守其雌”，等等，关乎处世方式。对相关的两个方面（“雄”与“雌”）的了解，使行为的展开不同于盲目的过程，而是表现为在理性把握基础上的自觉选择：知道何为雄健有力，却有意选择一种消极、低调的姿态和行为方式。当然，这一选择又基于“反者，道之动”的法则：根据这一法则，一旦处在“雄健”的状态，便必然将向其相反的方向转化；如果始终保持柔弱的状态，则可以维护生命的力量，并获得无限的发展可能性。处于后一种状态，同时意味着甘为天下之溪。溪流自居于低处，却不失其德，“守其雌”犹如溪流而居于低下之位，但其德性却蕴含于内，这种存在形态在总体上如同婴儿。老子一再以婴儿隐喻人的理想存在状态，婴儿柔弱的特点在于虽然柔弱，但却蕴含了发展的无限可能。以婴儿隐喻“守其雌”的存在状态，从形式的角度看似乎具有消极性，但实质上其最终的目的是保持生命的活力，以达到更长久、更广阔的发展可能。

这里同时涉及社会领域（包括价值领域）中“分化”和“统一”的问题。“雄”和“雌”首先表现为存在状态，相对于此，“白”和“黑”更多地具有价值的隐喻意义：“白”往往呈现正面的价值意义，“黑”则常常被赋予否定的价值意义。“知其白，守其黑”，一方面意味着在知道正面的价值形态的前提下，仍选择具有负面意义的价值体系；另一方面也蕴含着不同价值形态之间的分化。后面“知其荣，守其辱”也具有类似的意义。“荣”通常指积极的价值形态，如荣光、荣誉、荣耀等等；“辱”则表示消极的价值形态，如耻辱、侮辱、辱没等等。知道何为“荣”并了解如何达到“荣”的形态，却依然甘处

“辱”的形态，这可以视为“知其白，守其黑”的逻辑引申。在老子看来，一旦做到了“知其白，守其黑”，便可为天下确立某种范式，其内在的规定可以保持而没有差失（“常德不忒”），最后则可回归存在的终极本原（无极）。同样，以“知其荣，守其辱”为“在”世方式，则可广容天下（“为天下谷”）。以上价值立场既以价值的分化为前提，又意味着消解这种差异、回归价值的未分化状态：在原初的存在中，并无“荣”与“辱”等根本分野。这种无分的原初状态表现为“朴”，在此意义上，“知其荣，守其辱”也意味着“复归于朴”。

由原初之“朴”进一步演化，便形成了多样的事物，所谓“朴散则为器”，便就此而言。这一分化过程也存在于社会领域，在文化演进、分化的过程中，社会领域也由未分而走向分化，具有现实眼光的政治家（“圣人”）则基于这种变化逐渐建立与之相应的政治制度，所谓“圣人用之则为官长”，意味着从原始的“同于禽兽居”的未分化形态走向社会上下等级的区分，由此建立一定的社会政治制度（“官长”）。但同时，老子又强调，最为理想的体制（“大制”）并非执着于社会的分化，而是趋近于未分，所谓“大制不割”，即表明了这一点：“割，截断也。不割者，不分彼此界限之意。”① 对老子而言，虽然在一定的历史阶段，社会分化不可避免，“朴散则为器，圣人用之则为官

① 释德清. 道德经解：第二十八章. 上海：华东师范大学出版社，2009：76.

长”即顺应了这一历史过程。然而，从理想的形态看，“大制不割”则是社会演化的目标，这一取向与回归自然之朴的要求具有一致性。

在政治领域中超越于“分”，这种政治观念与现代的政治哲学理念存在相当的差异，后者强调政府职能的分化，主张各个部门分工明确、职权界限清晰，似乎唯有如此才有助于社会政治机器的有效运转。在老子看来，这种过于分化的形态并不是政治制度的理想状态。老子的以上看法乃是基于“无为而治”的政治理念：“无为而治”以“处无为之事，行不言之教”（第二章）为特点，强调让个体各按适合自身的方式行动，君主则不应对其加以干预。这里既涉及处世的方式，又关乎理想的政治模式，而“大制不割”则构成了理想的政治形态。要而言之，随着历史的演进，一方面需要设立“官长”及政治体制，另一方面又不能过分地执着于“分”和干预。在这一意义上，这种政治理念与前述处世方式彼此呼应，“守雌”“守黑”“守辱”既以“雄雌”“黑白”“荣辱”的分化为前提，又以返归“朴”而未分的形态为指向。政治制度上的“大制不割”与“守雌”、“守黑”、“守辱”的“在”世方式前后一致。

第二十九章

原文：

将欲取天下而为之，吾见其不得已。天下神器，不可为也。为者败之，执者失之。故物或行或随，或歔或吹，或强或羸，或挫或隳。是以圣人去甚，去奢，去泰。

释义：

本章所讨论的，主要是如何治理天下的问题。“取天下而为之”，其中至少包含两个方面，即获得天下与作用于天下，无论是获得天下（取天下），还是作用于天下（为之），都属于有意而为之。在老子看来，这是难以实现的，此即所谓“吾见其不得已”。“天下神器”中的“神器”本有神圣、至上的意思，后世讲“神器”，每每将其与政治权力联系起来，并赋予后者以至高无上的性质，但在老子那里，“神器”不同于政治权力，而是与“自然”之义一致。在此意义上，所谓“天下神器”，即天下的自然之序乃是神圣的，这与前面说的“取天下而为之”正好相对：作为“神器”，天下既不可随意取之，也不可任意为之。

后面进一步论述有意而为之将导致的后果：勉强有所作为，其结果总是让对象受损；执着不放，最后则反倒会使之失去。事物或在前，或随后，“或呴而煖之，或吹而寒之”①；或强而壮，或瘦而弱；或增益，或倾毁；如此等等。这表明，世间无论人或物，都有各自的秉性，其间的差异性和特殊性是客观存在的，因此，不能仅仅从自身欲求出发或将自己的主张和意志强加于人。从根本上说，强而有为以甚、奢、泰为取向，从行为方式看，这些方面（甚、奢、泰）既表现为过度，又以有意而为之为基本特点，事实上，过度或过分都包含人为的附加，它不同于自然而具有“反自然”的性质：在“反自然”这一点上，它们与前面提到的方式具有一致性。克服行为上的以上偏差，则以“去甚，去奢，去泰”为前提。理想的统治者往往能够顺任自然，不强制、不苛求，因势利导，遵循自然法则。就其实质而言，本章一开始所说的“将欲取天下而为之”，同样属于这一类过度而有偏差的行为，从而，“去甚，去奢，去泰”也

① 苏辙．道德真经注．上海：华东师范大学出版社，2010：38.

意味着对政治领域中过度而有意为之的扬弃。

以上观念，可以视为老子所主张的自然原则在政治实践领域中的具体化。自然原则具有总体性，它既体现于本体论的层面，也渗入政治领域。老子的整个推论都以“道法自然”为最高原理，对他而言，在社会领域，当人们自然而非人为地基于一定的社会环境、从事一定的活动时，社会便将处于和谐有序的形态，后面第八十章所谓“小国寡民”，便可视为对此的经验性描述：民众各自按自身方式存在，由此形成自然的和谐状态。

第三十章

原文：

以道佐人主者，不以兵强天下，其事好还。师之所处，荆棘生焉。大军之后，必有凶年。善有果而已，不敢以取强。果而勿矜，果而勿伐，果而勿骄，果而不得已，果而勿强。物壮则老，是谓不道，不道早已。

释义：

本章和下一章都表达了老子对待战争的基本态度。从总体上说，老子持非战的立场，这一立场又与前面提到的自然原则相通，因为战争旨在以暴力手段“非自然地”达到某一目的。基于此，以道辅佐君主，便不能以武力强行于天下。依赖于军事手段，很容易得到负面的报应。事实上，对战争的以上批评，同时又是与老子所看到的战争后果联系在一起的，对战争所导致的灾难，老子做了种种描述。军队驻扎之地，常常布满荆棘；两军交战之后，必然会引发灾荒。就当时的历史背景而言，春秋战国时代，社会动荡不安，大小战争此起彼伏，给国家带来破坏，给老百姓的生活造成灾难。老子揭示了战争给人们带来的严重后果，并由此认为战争是人类最愚昧、最残酷的行为。

当然，老子也注意到，在当时的现实环境下要完全制止战争是不现实的。在战争不能完全避免的背景下，便发生了如何对待战争的问题。在这方面，老子提出了武力使用应当适度的主张。按他的看法，善于用兵，制胜即可，不能穷兵黩武。取胜之后，不可夸耀、不可自高、不可骄傲，而应显示不得已的样子，以表明胜而不逞强，所谓“善有果而已，不敢以取强。果而勿矜，果而勿伐，果而勿骄，果而不得已，果而勿强”①，便具体阐发了以上看法。之所以不应热衷战争，并且即使取胜也应保持低调，主要在于从存在法则来看，事物一旦发展到强盛的阶段，便往往开始向相反的衰弱方向转换，所谓“物壮则老，是谓不道”，便表明了这一点。根据“道”的原则，应当将事物的发展始终限定在一定的界限内，避免走向极端，这才是

① 《尔雅·释诂》：“果，胜也。”王弼在该章注曰：“果，犹济也。”（王弼．老子道德经注：第三十章//王弼集校释．北京：中华书局，1980：78）结合以上两者，则“果”可理解为在军事活动中获胜。

最为完善的进路，一旦超出这一界限，走向“不道”，则会导致过早地消亡，此即“不道早已”。

可以看到，老子对政治领域现象的观察、判断、评价，都没有离开“道”的原理。前面提到的“物壮则老，是谓不道”，便与第四十章“反者，道之动”的原则一致。不过，老子对战争的批评不仅是从“道”的形而上的原理出发，而且也是基于经验的观察，所谓“师之所处，荆棘生焉。大军之后，必有凶年”，便有见于战争对民众造成的危害、所带来的灾难，这样的批评已不是单纯地源于形而上的原理。概括起来，在老子那里，“天道”和“人道”的观念相互交错。

第三十一章

原文：

夫佳兵者，不祥之器。物或恶之，故有道者不处。君子居则贵左，用兵则贵右。兵者，不祥之器，非君子之器。不得已而用之，恬淡为上，胜而不美。而美之者，是乐杀人。夫乐杀人者，则不可以得志于天下矣。吉事尚左，凶事尚右。偏将军居左，上将军居右，言以丧礼处之。杀人之众，以哀悲泣之。战胜，以丧礼处之。

释义：

这一章继续对战争加以批评。军械兵革与战争相关，“佳兵”可视为杀人利器，故属不吉祥的器物，并为人所厌恶。以道为原则的人，不会与之相涉。这里暗示了战争与“道”所体现的自然原则相背离，应该加以否定。从普遍的层面看，古时通常以右为上①，但从柔弱胜刚强这一角度看，一般所尚之右，对老子而言实质上具有否定意义；兵之贵右，也表明尚武为凶，所谓“右乃凶地”②，即指出了两者的以上关系。这里同时涉及战争和日常存在的差异问题，“居”属于日常生活的一个方面，在日常存在中，人们常常因谦和而贵左，但军事活动则是你死我活的争斗，从而与日常之居相对，以右为贵③。正因为兵革非君子之器而属不吉祥之物，故只有在不得已的情况下，才可用兵。在不得不用兵之时，应以恬淡为上，即使胜利，也不以此为美。如果以战胜为美，则是以杀人为乐。如果以杀人为乐，则不能得志于天下。这里包含着对人之生命价值的肯定，就此而言，老子在强调自然原则的同时，并不否认人道原则。

后面继续对战争和其他行为方式进行比较。从吉事和丧事的关系看，通常以吉事为左，以丧事为右，在军事序列中，则以偏将军居左，上将军居右，“盖上将军司杀之重者”④，即上将

---

① 崔述《古人尚右》一文对此有较详论说，见：崔东壁遗书．上海：上海古籍出版社，1983：354-355。

② 释德清．道德经解：第三十一章．上海：华东师范大学出版社，2009：79.

③ 河上公在“君子居则贵左”下注曰：“贵柔弱也。”在“用兵则贵右”下则做如此解释：“贵刚强也，此言兵道与君子之道反，所贵者异也。”（王卡．老子道德经河上公章句．北京：中华书局，1993：125）

④ 同②.

军主管以兵杀人的重要事宜，故只能居“凶地”（右）。这是把军事活动与丧事联系起来，所谓“以丧礼处之”。对老子而言，在战争这一问题上不能高调处理，即使胜利了也应该以类似悲哀之事来对待，不能大张旗鼓地当作喜庆之事来宣扬，这就是引入“丧礼”的原因：在日常生活中，“丧礼”是最具悲哀意义的。当然，这并不是说真正地举行各种丧事的礼仪，而主要用以表明对待战争的态度。可以看到，战争既是对人的生命价值的否定，也是对自然之道的背离。从更为形而上的层面看，战争乃是各种价值利益冲突的结果，它以社会各集团在利益上、价值观念上的分化为前提，属分化后的世界之产物。世界的这种分化与道的本然形态相对，前面提到，老子一再强调道的本然形态是“混而为一”、统一而未分化的，道的这种本然形态在老子看来也是存在的理想形态。这样，反对战争与“以道观之”也具有一致性：非战与要求回归道的原初统一形态，在这里相互重合。就此而言，老子对战争现象的观察，并非仅仅就社会现象本身而论，而是始终以作为存在本原的道为根据的。

第三十二章

原文：

道常无名，朴。虽小，天下莫能臣也。侯王若能守之，万物将自宾。天地相合以降甘露，民莫之令而自均。始制有名，名亦既有，夫亦将知止。知止可以不殆。譬道之在天下，犹川谷之于江海。

释义：

这里从不同的方面，对道做了进一步阐释。前面提到，“道法自然”构成了道的实质内涵，这一原则体现于政治实践领域，便表现为“无为而治”，此所谓“无为”，并非完全无所事事，而是人的行动顺应事物本身的内在规定，不妄自造作。

与第一章肯定道以无名为特点相应，本章首先肯定“道常无名”。“无名”表明超越了经验的名言领域，无法用经验的方式加以把握。以“朴”表示无名形态，主要强调了其原初性：“朴”的原义是尚未加工的木材，具有原始而没有分化的形态。“虽小，天下莫能臣也”中的“小”，并不是一个空间概念，而主要是指“道”并非以形之于外的状态存在：它是无形的，不能为感官所把握。然而，从现实作用看，道又非任何事物所能支配，这也就是所谓“天下莫能臣”。就社会领域而言，一旦君主能够把握“道”，自觉地按照“道”的要求去治理对象，则万物将各安其序，天下也可因此而获得安宁。这一事实表明，“道”虽然是无形之朴，但却对一切对象（包括社会领域中的现象）发生作用。后面谈到了“道”的作用方式：“天地相合以降甘露，民莫之命而自均。”这里以“甘露”为喻：“道”作用于万物，犹如天降甘露，无须人为干涉，就能达到均匀，这是一个自然而然的展开过程。

“道”本来处于“无名”的未分化或本然形态（朴），“始制有名”，表现为万物既分之后的形态：当“道”分化为具体的对象之后，便会出现多样之名用来指称这些不同的对象，社会领域中的名位、名号，也属于与之相关的“名”①。然而，对这些

① 王弼在“始制有名”下注曰：“始制，谓朴散始为官长之时也。始制官长，不可不立名以定尊卑，故始制有名也。”（王弼．老子道德经注：第三十二章//王弼集校释．北京：中华书局，1980：82）这一解释固然有见于“名”与社会领域中不同对象的关联，但将“名”主要限定于社会政治领域，似乎过窄。

表示特定对象的名称，不能过于执着，所谓“知止”的含义之一，便是不能过分地追逐杂多的经验现象，而应从经验现象中抽身而出，回到对“道”的本然形态。唯有不随物而去，才能避免各种消极或负面之境。在这里，不执着于经验对象与回归“道”，表现为同一个过程的两个方面，后者更多地展现了正面的意义。“天地相合”，可以视为“道”的作用方式，比较而言，“道之在天下，犹川谷之于江海”，则涉及“道”本身的存在方式问题。就存在方式而言，这里特别强调了“道”内在于万物之中，如同“川谷”之与“江海”的关系，“川谷”相对于“江海”来说是小的，但其最终的流向却是大江大海。同样，道也与物同在，融入一切对象。

本章总体上讨论“道”，包括“道”的形态、“道”的作用途径、“道”的存在方式以及“道”与“天下”的关系。其中特别提到了“道”与“名”的关系问题，“名”有两种：一种是用以指称现象世界各种具体事物的“名”，如“山”“川”“草”“木”；一种是用以把握“道”的概念，如“朴”。在老子看来，前一种意义上的特定之“名”难以把握“道”，所谓“道常无名”，便指“道”无法以前一种“名”来表示。从“道”本身的存在方式来看，它又内在于万事万物之中，这一看法近于后来庄子所谓道“无所不在”之说①。当然，对老子而言，经验现象

① 庄子·知北游.

是无限的，如庄子所说的，“吾生也有涯，而知也无涯。以有涯随无涯，殆矣”①，以个人之力，难以穷尽一切经验现象。老子所谓“知止”旨在表明，“道”分化之后的经验现象是无限多样的，如果对此进行无止境的追逐，便会陷于漫无目标、无所适从的状态中，对经验领域的把握应该适当打住：这一意义上的“知止”既指止于对经验现象的追逐，又蕴含着回到对万物中所蕴藏的“道”，由此，老子也表明追问的目标应该更多地指向作为存在本原的形上之道，而非各种具体的经验现象。在对待形而上和形而下的关系问题上，老子更倾向于从形而下的经验现象中抽身而去，以回归形而上之“道”。

① 庄子·养生主.

第三十三章

原文：

知人者智，自知者明。胜人者有力，自胜者强。知足者富，强行者有志，不失其所者久，死而不亡者寿。

释义：

这一章主要谈到对人的理解。老子首先区分了“智”和“明”、“知人”和“自知”。“知人”具有对象的指向性，主要指向自我之外的他人；“自知”则以自我本身为认识对象，带有返身和反思的性质。众所周知，古希腊的思想家已提出“认识你自己”的要求，“自知者明”与之具有一致性。当然，“认识你自己”可以宽泛地理解为对人自身的认识，老子则进一步对知人与自知做了区分，并将后者放在更高的地位：老子所说的“明”，类似今天所讲的“智慧”，这一意义上的“明”已超越了具体的知识之域。从实质的层面看，这里涉及认识自己和认识他人的问题。比较而言，儒家将“知人”放在第一位，孔子在回答什么是“知”之时，便答以“知人”，这是以认识他人、认识人与人之间的伦理关系为其侧重点。具体地看，“知人”和“知己”存在两个层面的差异：一是面向作为对象的他人和面向自我之别，另一是关注群体和关注个体的不同。“知人”既以他人为对象，又意味着把握人与人之间的关系，后者以群体及其关系为背景。相对于此，“知己”指向的是作为个体的自我，在老子那里，这一意义上的“自知”被放在更为重要的位置之上，这既与道家整体思想具有一致性，也与古希腊“认识你自己”要求呈现相通的一面。当然，在古希腊，与哲学家注重理性认知的传统相关，“知”常常被赋予“认知”的意义，所谓“美德即知识”便表明了这一点：美德落实于知识的范畴之上，知识成为最后的依托点。在道家那里，“知”虽然也具有认知的意义，但首先包含价值观的内涵，并与德行涵养交错在一起。后来庄子所说的“心斋”“坐忘”“真知”“真人”，其价值内涵表现得更为明显：其中的“真知”固然也包含认知的含义，但又不限于此，而是更多地与真实的人格相联系。在老子那里，同样可以看到这一点。

后面由“知”转向“胜”等问题。“胜人者有力，自胜者强”，其中的“胜人”主要指战胜、支配他人，“自胜”就是主宰自我。战胜、支配他人仅仅表明外在作用上的孔武有力，更为重要的方面是要支配自己，后者意味着真正成为自己的主人，其中涉及“自由”“自律”等一系列问题，而不限于对象性的支配。“知足者富”中的“富”涉及对财富的理解，这里特别强调了财富的相对性问题：财富并不以无限制的积累为上，它还关乎自我的评判，“富”的真切意义在于自己获得满足感，后者与外在的数量标准并无直接关系，这一看法与前面所说的“自知”具有一致性，其特点在于将关注之点由外在对象转向内在自我。从伦理学的角度看，这里同时涉及“幸福”与“幸福感”的问题，名利、财富常常被看作幸福的标志。按照老子的理解，幸福并不仅仅在于物质的境域，幸福的感受也不简单地取决于外在财富的积累及其多寡，这里关乎自我本身的看法和感受，就幸福的实际境域和幸福感两者的关系而言，老子显然把幸福感放在更为重要的位置，“感”或“感受”与自我有更多的联系，实际“境域”则非自我所能决定，在相同的境域下，不同个体可以有相异的感受，后者主要取决于自我本身，并与个体的德性修养、价值取向相联系。后面“强行者有志”表明，努力去做，便意味着有志向。“不失其所者久”中的“所”有根基之义，这里可以再一次注意到老子对基础、本原的重视，对老子而言，人立足于世，最重要的是需要有一个可靠的根基。存在的本原是一个形而上学的概念，从人“在”世或生存的角度看，立足于社会应该有深厚的基础，这就是“所”。唯有“不失其所”，才能长久存在。

最后是所谓“死而不亡者寿”，这里的“寿”，可以视为对“不朽”的一种理解。“死”是现实生命的终结，“不亡”则表明尚未终结，所谓“死而不亡者”，也就是说虽然现实生命终结了，但其在现实生活中所做的一切却没有消失，唯其如此，故能达到真正意义上的“不朽”，即“寿”。这一论域中的“寿”或“不朽”，与第五十九章中的“长生久视”一致，主要不是指灵魂的不灭或生命的永恒，而是关乎生存的意义。生命总是要终结的，这一点老子并不怀疑，这种生命的终结同时被理解为一个自然的归宿。在“人总有一死”这一前提下，如何理解“不朽”（“寿”）？从老子的观点看，这里的关键在于自己之所做，前面所说的“自知”“自胜”，都与自己之所做相联系，“不亡”同样与现实生命存在过程自己所做的一切相关，真正的“不朽”就在于生命过程中所做的一切在生命终结以后仍不会消亡，从而仍具有意义。从广义上看，人所创造的一切，主要表现为文明的成果，老子当然并没有从这一层面考虑，他更多地是从抽象意义上肯定“不朽”与在世过程中所做的一切相联系。从具体的内涵上看，以上理解无疑与儒家存在差异：儒家把文化创造放在突出的位置之上，按儒家的理解，个体在历史文化的长河中都既上承前人的文化创造成果，又为后人的文化创造提供了起点，从而构成承前启后的环节，在这一意义上，个体所做的一切并不会消逝。老子在这里没有着眼于这种文化创造的角度，而是更多地从“自知”“自胜”等个体存在的方式出发，谈如何追求“不朽”的问题：对他而言，超乎人为的自然之“在”，同样可以在历史过程中留下自己的印记。可以看到，对“不朽”的如上理解，主要基于个体自身的“在”世过程，而并非超验的根据①。

① 王弼以“身没而道犹存”解释“死而不亡者寿”（王弼．老子道德经注：第三十三章∥王弼集校释．北京：中华书局，1980：85），“道犹存”意味着普遍层面的意义仍然存在，这一看法注意到了个体生命的终结并不表明存在意义的终结。然而，以上理解仅仅从形而上（道）的层面着眼，而未能将这种意义与人自身的所作所为联系起来，这一看法似乎多少呈现抽象的性质，而未能真切把握老子以个体存在为出发点的意向。

第三十四章

原文：

大道氾兮，其可左右。万物恃之而生而不辞，功成不名有，衣养万物而不为主。常无欲，可名于小；万物归焉而不为主，可名为大。以其终不自为大，故能成其大。

释义：

本章所论，主要是“道”与“万物”之间的关系以及“道”本身的存在方式和呈现方式。这里的“左右”非支配或主宰之义，与前面提到的“贵左贱右”相近，它主要涉及空间的位置：“左右”即泛指不同的方向，引申而言，也就是“无处不在”。大道如同水，可左可右，遍存于天地间。“万物恃之而生而不辞”中的“辞”，有着不同的理解，一般着重从推辞方面来理解，但从整章的实际含义来看，这里的“辞”主要指摆脱、离开：“道”作为“万物”的根据，并不是在生成“万物”之后就离开并高高在上，“不辞”表明它依然内在于事物之中而非超然于无物。就“万物”本身的演化发生而言，“道”的特点即所谓“法自然”：让万物各自按其自身的规定和本性去作用，并不有意地去支配它们，犹如政治领域中君主的“无为而治”。后面“功成不名有，衣养万物而不为主”也涉及这一点：这里的“衣养”，傅奕本及吴澄本皆作“衣被”，“衣”有覆蔽之义，“衣养”“衣被”意味着在育养、滋润万物方面无所不覆，但即便如此，道也不以主宰自居①。

就其并无主宰、支配“万物”的意欲或倾向而言，“道”也可以说“小”，其作用是在无形之中显现，而并不是以凌驾于万物之上的方式来展示，“道”之名为“小”，也与之相关。“万物归焉而不为主”，即万物最终是以道为根据，但道本身却从不以主的方式来支配这些对象。在老子看来，正因为道不追求以外在的主宰方式来支配万物，反而显得宽而能容，故成其为“大”。这里无疑存在某种辩证关系：如果道凌驾于万物之上，便与万物形成某种对峙关系，从而成为万物之外的另一个对象，

① 吴澄：“春生之时，道普遍万物，如以衣衣之，以被被之，所谓元亨播群品，元亨诚之通，而道不自为之主。”（吴澄．道德真经吴澄注．上海：华东师范大学出版社，2010：48）此诠释似亦有见于此。

难以成为“其大无外”意义上的“大”；反之，若“道”内在于万物之中，则万物的无限性同时也印证了“道”本身的无限性，两者的关系不再呈现相互对峙的形态，故能真正凸显其无限或“大”的品格。

本章始终强调“道”内在于万物之中，不管是其存在方式，还是作用方式，都以内在于万物的形式展开。一开始以水为喻，水的泛滥无孔不入，可以渗透到任何地方，以此隐喻“道”和“万物”水乳交融的关系，体现出老子在本体论上扬弃“道”的超然性质，肯定“道”作为万物根源同时又内在于万物之中。老子在本章中所表达的观念在某种意义上开了后来庄子的先声，在庄子那里，可以一再看到其强调“道”无所不在，后者在“咸”“遍”“周”等概念中得到了形象的体现①，这一思想的源头便可以追溯到老子。前面一再提到，老子注重自然原则，此处从形而上的层面，将“内在性”也归于“自然”之中：自然的原则和“道”内在于万物之中的存在方式在这里彼此沟通。

① 庄子·知北游.

第三十五章

原文：

执大象，天下往。往而不害，安平太。乐与饵，过客止。道之出口，淡乎其无味。视之不足见，听之不足闻，用之不足既。

释义：

这里首先提到“道”在社会领域中可能具有的意义。“天下”不同于自在的存在，而是人生活于其间的世界。抽象地看，“执大象，天下往”，是指把握了“道”以后便可以使天下归顺，具体而言，当然只有得道的君主才能实现这一点，在这一意义上，这乃是对君主治国的要求：唯有以“道”来规范政治实践过程，才能达到天下归顺、国泰民安。从形式上说，后文没有明确地批评什么，但结合前文的一些看法以及当时具体的政治背景，则可注意到，“音乐”和“美食”可以使人获得某种外在的物质享受，从而留住人。较之“音乐”和“美食”，“道”显得“淡而无味”，从而不同于“音乐”和“美食”之有其味、能吸引住人、可以供人享受。不过，“淡而无味”同时隐喻了“道”的作用方式。

从直接的形态来看，这里对“道”与“音乐”、“美食”做了比较。在逻辑上，“道”与“音乐”、“美食”不属于同一类，就此而言，把体现社会政治实践原则的“道”与“音乐”、“美食”做比较，似乎违背了墨家所谓“异类不比”的原则。但隐喻作为表达的方式，并不为这种严格的逻辑形式所限定。在引申的意义上，此处的“音乐”和“美食”实际上隐喻着儒家所提倡的以“礼乐”治国的方式，对老子而言，“礼乐”对社会的作用如同“音乐”和“美食”，只涉及外在的物质层面的暂时满足，很难真正使天下“长治久安”。与之相对，“道”尽管不能给予人外在的满足，但却可以真正为政治生活提供“安平太”的理想境域。以“道”治国与以“礼乐”治国体现了两种不同的治国方式，在老子看来，政治生活的主导原则不是“礼乐”，而是“道”，作为治国的原则，“道”的实质内涵体现于“法自然”，所谓“淡乎其无味”，便隐喻着社会政治领域自然而然、“无为而治”的实践方式。

第三十六章

原文：

将欲歙之，必固张之；将欲弱之，必固强之；将欲废之，必固兴之；将欲夺之，必固与之，是谓微明。柔弱胜刚强。鱼不可脱于渊，国之利器不可以示人。

释义：

这一章首先以概述的方式，列举了自然、社会各领域中的诸种彼此相对的现象，其中既涉及自然界中的矛盾关系，也关乎社会领域中人与人的相处。在老子看来，矛盾的两方面之间可以相互转化，这样，为了达到一定的目的，便可以采用“以退为进”的方式，让对象处于某种与自身目的相对的地位，最后通过转化过程，以实现自身的目的。如意在收拢某一对象，需先将其张开；意在削弱某一对象，需先使之强盛；意在消除某一对象，需先接纳它并将其置于上位；意在从某人处夺取某物，需先将其给予该人；如此等等。

渗入以上过程的基本原则，是本章后面所说的“柔弱胜刚强”。前面提到了“张之”“强之”“兴之”“与之”，其中“将欲废之，必固兴之”，帛书《老子》甲本与乙本都作“将欲去之，必古与之”，“古”通“固”，“与”通“举”。不过，“与之”（“举之”）与“兴之”含义相近，都属于外在的强化：事实上，这里所说的“张之”、“强之”、“兴之”（或“举之”）、“与之”皆意味着让对方处于更有利、更强势的地位，自身则相反，居于弱者之位。然而，根据后文（第四十章）“反者，道之动”的原理，事物总是向相反方向转化，由此，处于弱势者，最后会成为强者，这也就是所谓“柔弱胜刚强”。

这里，老子的重点并不在于罗列一些自然或是社会的现象，而是借这些现象提出“在”世的原则，就自我而言，这一原则具有警醒的作用，使个体了解：现象发展到一定阶段之后必然会向相反的方向转化，由此时时警醒，避免发展到可能导致其向相反方向转化的程度。就自我与他人的关系而言，这里又包含某种权术的意味：在人与人的相互交往过程中，先退一步，以此作为达到更大的目的的手段，这便表现为以退为进的权谋。

老子将这种处世原则称为“微明”，从字面上看，“微明”是指难以觉察的征兆或事物刚露端倪，它表明，在事物的相互转化过程中，某一阶段中的发展状况往往难以把握。“柔弱胜刚强”从更为普遍的层面展现了“在”世的原则，肯定安于柔弱之位，可以达到更为长久的生命力，也就是说，真正的力量在于表面柔弱而实际上更具发展的潜力。

最后，老子由鱼无法离开水域，引出“国之利器不可以示人”。值得注意的是，这里把“利器”和“国”联系在一起，虽然“利器”的确切所指并不十分清楚，但从比较宽泛的角度上看，它主要与政治权力及其运行方式相关。在老子看来，国家权力不可以轻易外显，权力之于君主就好像水之于鱼一样不可轻易地离开。“不可以示人”表明，政治权力应不为人知、深藏不露，其运作方式不应该是公开、透明的，这与现代社会的政治理想，即政治程序的规范化、公开化，显然有所不同。以上的治国原则，与法家所主张的“法”“术”“势”中的“术”相关。“法”“术”“势”中的“法”与“势”，一般具有形之于外的特点，比较而言，“术”更带有权谋的意味。这种以无形之“术”治国的观念，与前面提到权术具有相关性：“将欲弱之，必固强之”的思想在治国过程中往往化为政治权力运作中的权谋，“国之利器不可以示人”便可以视为这一类观念的具体展现。

第三十七章

原文：

道常无为而无不为，侯王若能守之，万物将自化。化而欲作，吾将镇之以无名之朴。无名之朴，夫亦将无欲。不欲以静，天下将自定。

释义：

在“道常无为而无不为”这一陈述中，前一“无为”更多地涉及动机的层面，表明行为并非出于某种功利的目的。正由于不执着于特定的功利动机，完全自然而然、顺乎“道”的法则，因而可以达到“无不为”，亦即成就一切。从政治实践的领域看，如果统治者能够自觉地遵从这样的法则，那么万物便会自我演化，并达到自然的有序状态，所谓“自化”，便是就此而言的。

当然，“无为”也包含向“有为”转化的可能性，即使能够在一定程度上遵行“道”的原则，依然无法完全避免以上可能。从历史和现实中，都可以一再看到这种现象，如汉初施行“无为而治”。然而，当国力强盛到一定程度的时候，便会萌发“有为”的要求，汉武帝时便开始大规模地对匈奴征战，其中固然有抵御外侵的意义，但同时又表现为“与民休息”“无为而治”政策的终结。广而言之，“自化”之后常常会导向“有为”，即老子所说的“化而欲作”。对此，老子根据“道法自然”的原则，指出在以上转换出现以后，“将镇之以无名之朴”，这里的“镇”并不表明“道”是以一种自上而下的形态强行要求事物依循其法则而行，它主要侧重于价值的引导，就此而言，“镇”可以理解为广义的规范，“朴”则是本然之义，这一意义上的“朴”或“本然”与“无欲”、“无为”，具有一致性。在老子看来，一旦有意而为的趋向出现，便需要用本然之“道”重新加以规范和约束，从而使有意而为的趋向得到抑制，由此，天下又可复归于比较安宁的状态，所谓“不欲以静，天下将自定”，“定”意味着重新纳入有序的过程，避免社会政治的失序和失范，保证其稳定的运作。以“无为”的方式达到这种有序之“定”，表现为按照“道”的法则形成自发的秩序。从总体上看，老子在这里的讨论关乎如何在政治实践领域达到社会秩序的确立，“无为”则是实现这种具有自发形式之秩序的前提。

社会的秩序确实并非完全凭借人为安排而建构，在相当的意义上，它乃是通过社会内部相互制约和协调，形成合力而逐渐达到的。当然，作为形成秩序的前提，“无为”不是听之任之、无条件的放任，而是通过减少君主的干预来达到社会的有序化。从现实的形态看，合理的社会政治运行模式，是在“有为”和“无为”之间保持某种适当的张力。

第三十八章

原文：

上德不德，是以有德；下德不失德，是以无德。上德无为而无以为，下德为之而有以为。上仁为之而无以为，上义为之而有以为，上礼为之而莫之应，则攘臂而扔之。故失道而后德，失德而后仁，失仁而后义，失义而后礼。夫礼者，忠信之薄而乱之首。前识者，道之华而愚之始。是以大丈夫处其厚，不居其薄；处其实，不居其华。故去彼取此。

释义：

本章对社会领域中的不同德性、规范做了比较，同时又考察了其历史演化的过程。老子首先区分了“上德”与“下德”。

所谓“上德不德”，是指“上德”虽有德，却不执着于德，正因为其不执着于德，才成其为德。对老子而言，真正有德性的人并不形之以外、刻意标榜，而是虽有其德却不以德自居，唯因如此，才显出其德性的真实、纯厚。与之相对，“下德”虽然也包含某种德性，但却过于执着这种德性，最后不免流于刻意矫饰或标榜，甚至导向虚伪。可以看到，“上德”和“下德”的差别在于前者属自然之“美”，后者则表现为人为之“美”。众所周知，休谟区分了自然德性和人为德性，从这个角度上说，“上德”近于自然德性，“下德”则属人为德性。

后面具体讨论的是“上德”和“下德”的行为特点。“上德无为而无以为”，“上德”具有“无为”的取向，但不是有意地去无为，即不是先存一个为“无为”的意念或动机，然后再去为“无为”，其“无为”在总体上展开为一个自然的过程。“下德为之而有以为”，即“下德”从有意而为之的动机出发而“为之”，在行为境界上较“上德”等而下之。“上仁为之而无以为”，“上仁”较之“下德”而言，又降了一层：“下德”为之，同时自知有意为之，“上仁”有意而为之，却还以为出于“无为”（“无以为”），即无法真正区分“无为”与“有为”（有意而为之）。“上义为之而有以为”，这种行为更直接地从有为（有意为之的动机）到有为（实际地有意为之），就其突出“有为”而言，较之“上仁”又有所不逮。“上礼为之而莫之应，则攘臂而扔之”，这不仅是“有为”，而且沦为强制性的行为。

“失道而后德，失德而后仁，失仁而后义，失义而后礼”，这一演化过程一方面体现了不同社会规范之间先后、上下的关系，另一方面也表明文明演进的历史过程在德性上每况愈下。这里特别对“礼”提出了批评，相对于前面几种行为方式而言，以“礼”行之的特点带有强制性，从而与老子所推崇的自然原则相距更远，故老子称其为“忠信之薄而乱之首”。从以上变迁可以看到，最完美的形态是“道”，在“道”的层面，不存在“德”与“不德”、“上德”与“下德”的区分，“道”完全超越于各种具体的德性形态，唯有“道”分化之后，才有“德”与“不德”、“上德”与“下德”之分。当然，相对于“下德”，“上德”更接近于“道”。在老子看来，后面从“仁”、“义”到“礼”，是德性不断沦落的过程，文明的演进和德性的沦落在此表现为同一过程的两个方面。与之相应，以上所述既是历史的描述，又包含价值的判断。

后面提到“前识”的问题。“前识”通常被置于认识论的视域之下，但联系前后文，这里的“前识”不仅仅限于认识论意义上的先天观念或诠释学上的“前见”。一方面，它意味着以先在的动机为整个行为的出发点，动机相对于后面的行为过程而言，乃是先在的“前识”；另一方面，普遍的规范较之个体意识而言，也带有先天的性质，事实上，不管是普遍意义上的逻辑规则，还是道德意义上的社会行为规范，都先于特定个体而在，与之相联系。这里的“前识”并非仅仅指“前人而识”[①]：所谓“前人而识”，主要指先于他人（其他个体）而对特定事物有所了解，从更为内在的层面看，与前述“仁”“义”“礼”相关的“前识”，具体指对这些先在规范（“仁”“义”“礼”）的了解，然后按其要求有意而为之。在老子看来，以上二重意义的“前识”都与“道法自然”的原则相对，属于“道之华而愚之始”。从肯定自然原则出发，老子主张为人敦厚而不精明尖刻，务实而去浮华，以此为“在”世的基本方式。

老子将自觉把握社会规范列为应该加以否定的方面，其中包含自然原则与自觉原则的对峙，事实上，对“前识”的批评既意味着否定基于主观先见而行，也蕴含着以自然原则消解自觉原则的趋向。不管是作为行为动机，还是作为对普遍规范的理解，“前识”都表现为人的自觉意识，老子认为这种自觉意识与自然原则相对，回归自然的过程以摒弃上述自觉意识为前提，这一看法包含多重意义。自觉的原则发展到极端，常常容易流于形式主义的刻意效仿或演化为外在的强制，早期儒家在主张自觉原则的同时，并不完全否定自然原则，但到宋明时期，自觉原则每每被片面强化，甚而衍化出“存天理，灭人欲”的主

① 王弼．老子道德经注：第三十八章//王弼集校释．北京：中华书局，1980：94.

张。老子注重自然原则，除了拒斥主观先见之外，也包含避免以上偏向之义。不过，老子由此走向了另一个极端，完全忽视了自觉原则，同样存在自身问题。这里，可以对道德领域中的自然与自发做一区分：完美的道德行为既不应仅仅停留在自觉之上，也不能单纯地限定于自愿，而是应该进一步走向自然，达到不思不勉、自然中道之境。但这一意义上的自然，是以经过自觉而又超越自觉为前提的，未经自觉的行为，往往具有自发的性质，从而不同于上述伦理学视域中的自然。老子忽略理性自觉，从道德的层面看，似乎难以摆脱行为的自发性质。

第三十九章

原文：

昔之得一者，天得一以清，地得一以宁，神得一以灵，谷得一以盈，万物得一以生，侯王得一以为天下贞。其致之。天无以清将恐裂，地无以宁将恐发，神无以灵将恐歇，谷无以盈将恐竭，万物无以生将恐灭，侯王无以贵高将恐蹶。故贵以贱为本，高以下为基。是以侯王自谓孤寡不穀。此非以贱为本邪？非乎？故致数舆无舆。不欲琭琭如玉，珞珞如石。

释义：

这里的“一”，主要隐喻“道”。本章首先着重指出万物的存在源于“道”，其不同的存在形态也以“道”为根据，“天”

“地”“万物”以至于人的精神和社会政治领域，概莫能外。具体而言，天之清明，地之安宁，精神之明觉①，川谷之充盈，万物之生长，君主之安平天下，都基于“一”（道）。这里既指出了道的本原性，也肯定了道具有普遍制约作用。所谓“其致之”，便概要地强调了这一点：追溯其本，无不源于“一”。从反面来说，离开了“道”，一切事物不仅难以存在，而且也无法正常地发挥自己的作用。天若离道，便不得清明并将分崩离析；地若离道，便不得安宁并会处于动荡之中；精神若离道，便缺乏明觉并将失去生命力；川谷若离道，便不得充盈并将枯竭；万物若离道，便无法生存；君主或主政者若离道，便难以保持其位并可能导致政治上的倾覆。

本章一再提到“侯王”（君主或主政者），与之相关的是政治领域的国家治理问题：如何按“道”的原则来治理社会和国家？而在这一过程中，“侯王”的作用又是最为重要的，他如何治国，直接关系到社会国家如何运行。后面提到“贵以贱为本，高以下为基”，从“天道”的角度来看，这是指“道”并非高居于“万物”之上，以君临天下的姿态存在和起作用，而是内在于“万物”，包括低下之物。就“人道”而言，“侯王”（君主或主政者）也应如此，需要体现“以贱为本”“以下为基”的取

① 释德清：“神，指人心而言。”（释德清．道德经解：第三十九章．上海：华东师范大学出版社，2009：92）

向。一般而言，在社会领域，“贵以贱为本”往往表现为统治者应以被统治的民众为立国之本。不过，从老子对柔弱的推崇看，这里包含在处世过程中应“处下”“居柔”的意味，老子在描述“水”之时，即以“水”喻“道”，“水”的特点是不避其下，唯因如此，故能成其普遍之善，统治者亦当如此，“自谓孤寡不縠”，即体现了甘居于下的取向。纵观老子的整体思想，“以民为本”的思路似乎并非其强调的重点，而一般处世方式上的“处下”“居柔”则是他更为关切的方面。后面“致数舆无舆”表明，过于在意声誉，反而难以获得声誉①，它从另一侧面肯定了“处下”“居柔”的必要性。本章以“琭琭如玉，珞珞如石”终结，主要侧重于去掉华丽的装饰，留下质朴的自然的形态，这与前一章讲到的“处其实，不居其华”，含义相通。

① “致数舆无舆”，吴澄本作“故至誉无誉”（吴澄．道德真经吴澄注．上海：华东师范大学出版社，2010：60）。

第四十章

原文：

反者，道之动；弱者，道之用。天下万物生于有，有生于无。

释义：

“反者，道之动”中的“反”，可以从两个方面加以理解。从逻辑的层面看，它包含向相反方向转化之意；从字面意义上说，“反”又表示“返归”，后者同时具有循环、回归源头等含义。联系老子的相关论述，向相反方向转化体现了其更内在的含义。老子在其他各章中，考察了社会、自然中的多样现象，表明事物发展到极端之后，必然会向自己相反方向转化，“反者，道之动”可以视为对这一类现象的总体概括。在这一表述中，所动者为多样的“物”而非道本身向相反的方向转化，则体现了“道”的根本法则。

“弱者，道之用”是从作用的方式上说，与前面一再提到的“柔弱胜刚强”意义相通。事实上，“柔弱胜刚强”也体现了“道”的具体作用方式。按照老子的理解，无论是自然现象，还是社会领域，“道”常常表现为“柔弱”的方面，唯其“柔弱”，故能保持更为强盛的生命力，老子之所以强调保持“柔弱”状态，原因也在于此。后面从形而上的角度谈有无关系。“天下万物生于有”中的“万物”，帛书《老子》乙本及傅奕本等作“之物”。从老子的文本考察，“万物”的表述文中运用甚多；从语义看，“万物”主要指经验世界中的具体事物，“万”乃言其“多”。尽管王弼在注中亦运用“天下之物”的表述，但就哲学层面而言，“万物”似于义更胜。具体事物总是与“多样”“个体”相联系，其形成、发展都以其他个体或特定事物为本原，也就是说，特殊的“有”总是由其他的“有”所产生。然而，从世界发生的总体根源上看，这些多样形态的事物背后总是有一个更普遍的根源，后者体现于老子所说的“无”，所谓“有生于无”，便表明了这一点。值得注意的是，这里的“有”“无”，与第二章的“有无相生”、第十一章的“当其无，有器之用也”以及“故有之以为利，无之以为用”在词性上相近，都作名词用。当然，相对于后两者，本章中的“有”与“无”，更多地展现为哲学意义上的一般概念。由此反观第一章，便不难看到，“无，名天地之始；有，名万物之母”之句，尽管可以有不同的断句，但从实质的层面看，以“无”“有”为断，不仅有其语言层面的依据，而且似乎更多地展现了其哲学的意义。

可以注意到，本章从不同的角度谈到“道”的内涵。“反者，道之动”涉及的是世界的发展原理；“万物生于有，有生于无”则更多地体现为对世界统一性原理的理解。就此而言，老子在本章言简意赅地对世界的发展原理和统一原理做了概括。在前面各章中，老子曾反复强调“虚静”的问题，其中的“虚静”可以理解为老子对世界本原的规定：从本原这一层面看，“道”既没有任何规定，故可视为“虚”或“无”，又处于超越时空的终极形态，故可理解为“静”。然而，“道”同时又内在于世界之中，展开为事物的变化、发展过程，后者关乎世界的发展原理，“反者，道之动”更多地体现了“道”的这一内涵。从以上方面来看，以“虚静”为原理与“反者，道之动”分别体现了“道”的不同侧面，两者彼此相关。

第四十一章

原文：

上士闻道，勤而行之；中士闻道，若存若亡；下士闻道，大笑之，不笑不足以为道。故建言有之：明道若昧，进道若退，夷道若颣。上德若谷，大白若辱，广德若不足，建德若偷，质真若渝。大方无隅，大器晚成，大音希声，大象无形。道隐无名，夫唯道善贷且成。

释义：

本章首先列举了对待“道”的三种不同态度。首先是“勤而行之”：“上士闻道，勤而行之”。“行之”的实际所指即“行道”：“勤而行之”把“道”和“行”联系在一起。“道”本有道路之义，道路和行走则有相通性。从引申的角度看，“行”又有“推行”“贯彻”之义，在老子这里，“勤而行之”作为“行道”的方式，更多地包含推行、贯彻“道”之义。作为推行、贯彻的对象，“道”既指存在的原理和存在的法则，又与社会理想、道德理想、文化理想相联系，事实上，“道”作为理想的含义在先秦已得到比较普遍的确认，孔子提出“弘道”，其含义与“行道”相近，而其中的“道”，则关乎社会理想、价值理想。老子所说的“行道”，同样既有遵循法则之义，又涉及推行、贯彻他所理解的价值理想。对待“道”的第二种态度体现于“若存若亡”：“中士闻道，若存若亡”。就人对“道”的看法而言，这里的“若存若亡”可视作将信将疑，较之“上士”以非常自觉的态度去认同、贯彻、推行“道”，这种“若存若亡”已属等而下之。对待“道”的第三种态度是“笑之”：“下士闻道，大笑之”。这里的“笑”可以理解为嘲笑，相对于“上士”和“中士”，“下士”对“道”不仅不以为然，而且肆意嘲弄。“不笑不足以为道”，从一个方面彰显了“道”作为智慧的形态与世俗之智的差异：下士之“笑”，体现的是世俗的眼光。以上三种对待“道”的态度，分别通过“上士”“中士”“下士”而具体展现，其中既涉及对“道”的不同理解，也关乎“道”在人的存在过程中的不同意义。

对“道”的不同认同，同时显现了人格境界上的差异：上士自觉地接受并推行“道”，构成了最高的人格之境；中士对“道”持存疑态度，其人格之境低于上士；下士则以嘲弄的态度对待“道”，较之中士又低了一个层次。老子将对待“道”的不同态度与具体的人格形态联系起来，由此便产生了不同人格形态（“下士”、“中士”与“上士”）之间是否可以转化以及如何才能转化的问题。这里的关键当然在于对道的真切把握与视域的提升和扩展。“下士”和“中士”之为“下士”和“中士”的根源，在于虽“闻道”，但并没有真切而深入地理解和把握作为智慧之源的道，而是依然执着世俗之智。可以看到，同样“闻道”，但所“闻”的具体内涵并不相同，与之相应，“下士”和“中士”向“上士”转化的前提，是摆脱世俗之智，真正达到作为形上智慧的道。

后文进一步以比较的方式，指出“道”的实际内涵与外在呈现之间的差异。“明道若昧”中的“若”，即显现于外、表面看来的形态，“明”则指实际的内涵。具有智慧（明）内涵的道，在外表上却呈现“暗昧”的形态。同样，“进”与“退”分别表现为向前与先后不同的态势，“进道若退”，表明向前的态势在呈现于外时，似乎显现为向后。后面一系列同构句式表达的是相近的意思：平坦的大道在外观上呈现崎岖的形态；崇高的德性（上德）呈现于外，如同空谷；纯然洁白的事物，看上去似乎有瑕疵；广大之德，看上去似乎不足；勤勉之德外观上显得懈怠；质朴淳真的存在形态，看上去好像浑浊；如此等等。在老子看来，真实的形态与呈现于外的现象之间，存在着某种距离，因此，不能执着于外在现象，而需要进一步把握作为真实存在的“道”。

后面“大方无隅”，同样涉及现象与真实的存在之间的差异：真正的方形没有棱角。与之相近，重要器具的生成需要一个过程，“大器晚成”即就此而言①；深沉之音听起来似乎无声，此即所谓“大音希声”；高大的形象，如内在人格，并不形之于外，“大象无形”，便关乎此。这里的“大方”“大器”“大音”“大象”都是从不同的角度烘托了真实存在与外在呈现之间的差异。从真实存在与经验世界的关系看，“大方”“大器”等往往区别于通过感官把握的现象，老子在逻辑上层层推论，前面用“若”做铺垫，后面则以否定性的“无”“晚”“希”将外在现象和真实存在区分开来，最后，以“道隐无名”做概述和总结。“道隐无名”表明，“道”并不像现象界之物那样可以见之于“形”、闻之以“声”，而是“隐”于这些现象之后，无法用指称

① “大器晚成”在帛书乙本作“大器免成”，主要不同是“晚”字为“免”，从前后表述的相关性看，这里的“免”不仅仅是“晚”的异文或省略，更是与“免除”意义上的“免”相涉。前面“大方无隅”，后面“大音希声”“大象无形”“道隐无名”，其中的“无”“希”，都含有否定性，在逻辑上前后具有一致性。“晚”字尽管也有限定性含义，但相对于前面及后面的“无”等表述，似乎仍有差异。比较而言，“免”更直接地带有“无”“不”等含义，“大器免成”与“大方无隅”及后面“大音希声”、“大象无形”等表述也更为一致。从这方面看，帛书乙本“大器免成”的表述，似乎也可备一说。

普遍现象的名言来把握。然而，“道隐无名”并不意味着“道”的本原性因此而消解，事实上，“道”之为存在根据，始终为老子所坚持，所谓“唯道善贷且成”，便表明了这一点：“善贷且成”的直接含义是为万物的存在提供不竭的资源①，其中隐喻着“道”为万物之基。

① 释德清：“夫惟道也，万物皆往资焉而不匮，曲成万物而不遗，故曰‘善贷且成’。”（释德清. 道德经解：第四十一章. 上海：华东师范大学出版社，2009：96）又，“唯道善贷且成”帛书乙本作“夫唯道，善始且善成”，依此，则道从开端和终点上都规定着万物，它从另一侧面强调了道的普遍制约性。

第四十二章

原文：

道生一，一生二，二生三，三生万物。万物负阴而抱阳，冲气以为和。人之所恶，唯孤寡不穀，而王公以为称。故物，或损之而益，或益之而损。人之所教，我亦教之。强梁者不得其死，吾将以为教父。

释义：

从“道生一”，到“三生万物”，可以视为在形而上的意义上对“道”与整个自然生成过程的概述。自然本身演化的过程，通常属于宇宙论考察的对象，如前所述，在老子那里，宇宙论和本体论往往交融在一起，这里老子以自然的生成演化为讨论的对象，其思路具有宇宙论的特点。具体而言，此处所说的“一”“二”“三”，并不仅仅是简单的数字上的表述，而且是有更为实质的含义。“道生一”表明，“道”是一个自生的过程：这里的“一”与“道”具有同一性，表现为道浑而未分的形态，在这一意义上，所谓“道生一”即道的“自生”。事实上，“道”之外并不存在更为超越的东西，“道”即以自身为原因，“道生一”所突出的便是“道”的“自因”性。“一生二”中的“二”隐喻着分化，其含义与后面提到的“气”相联系，可以理解为“负阴而抱阳”中“阴”与“阳”两种形态。“二生三”中的“三”，在中国文化中往往表示多，在老子这里，“三”同时又包含统一的含义：两种对立的力量以一种相互作用的方式构成一个统一体，“三”便与这样的统一体相联系。这种统一体具有动态的意义，“三生万物”便表明，作为阴阳统一体的“三”同时又通过阴阳之间的相互作用而生成万物。可以注意到，老子一方面把“道”理解为自因，另一方面又将阴阳之间的相互作用引入宇宙的生成过程中，自因和矛盾运动在老子那里呈现统一的关系，万物的化生则以此为前提。

“万物负阴而抱阳”中的“万物”，指多样、具体的对象，它表明，不仅作为存在根据的道展开为阴阳的统一体，而且任何一个具体的对象都包含着“阴”和“阳”。“冲气以为和”中的“冲”有彼此激荡之义，表示“气”的相互作用，“和”则表现为不同规定的统一："和"与"同"相对而言，"同"只包含单一的规定，"和"表现为包含差异的统一。较之以"三"表示"阴""阳"两者之间的统一关系，"和"更具体地展现了事物的统一性。在这里，老子一方面注意到了事物的生成离不开阴阳两种对立的力量，另一方面又肯定两者并非绝对地相互排斥，而是把相互作用引入进来，他所说的"三""冲""和"都在不同意义上隐喻着"阴"和"阳"两种力量之间的相互作用。

引申而言，这里老子把自因和对立面的相互作用沟通起来，"和"所表征的统一体，被视为积极意义上万物的生成形态，对立面的相互作用由此不再以消极意义上的彼此冲突、否定为归宿。如果说，"负阴而抱阳"意味着原始的混沌开始分化为不同的力量，那么，从形而上的层面看，如何超越对立面的冲突、避免由对立而走向单纯的否定，则成为无法回避的问题。老子提出"和"的观念，并试图通过"冲气以为和"以达到对立面的统一、重建存在的平衡形态。相对于后来庄子强调"方生方死"，认为万物处于永恒的流变过程、难以达到确定性而言，老子以"和"的观念解释万物的化生以及新的统一体的形成、存在平衡的重建，无疑有其独特的理论意义。

后文所述，初看似乎与前文所论没有十分直接的关联，一些注释者据此将其视为错简，但这种推论没有太多根据。就文献的角度而言，在早期文本帛书《老子》甲本、乙本中，本章中现有各部分虽文字略有差异，但主要内容已存在。从实际的内涵来说，前后两部分的内容并非互不相关。事实上，老子在此将宇宙的普遍原理进一步运用到社会生活，以考察道在其中的呈现方式。从形而上的角度看，宇宙与万物都包含两种不同力量的相互作用，这种相互作用体现于社会领域，便表现为“善”和“恶”、“益”和“损”等正面的价值形态或负面的价值形态，这些不同的方面，同样存在相互作用和相互转化的关系，正因如此，在社会生活中，“恶”或“不利”方面，可以向好的方向发展。以“孤”“寡”“不穀”而言，这些概念表面上似乎具有负面意义，从而成为“人之所恶”[①]，但在相互作用和相互转化的关系中，它们往往隐含着向好的方向发展的可能，因而君主愿意以此自称，在第三十九章中老子已表述了类似看法。“损”“益”之间，也存在类似关系。从形式上看，“损之”意味着破坏、减少，但它往往又可以成为发展壮大（所谓“益”）的前提，所谓“损之而益”；同样，外观上有益，可能会向其相反方向转化，所谓“益之而损”。这些现象，可以视为宇宙发展的普遍法则在社会生活中的体现。如果说前者表现为普遍的天道，那么，后者则涉及人道，如前面所一再提及的，在老子那里，天道与人道总是相互关联。

---

① “人之所恶”，帛书甲本作“天下之所恶”，但从内在含义看，这里的“天下”实为天下之人，就此言，以“人之所恶”表述更为直接明了。

广而言之，在社会生活中，“损”“益”之间的关系既折射了价值领域对立方面的相互作用，也为如何引导民众提供了启示，所谓“人之所教，我亦教之”，既蕴含不强人所难之意[①]，也意味着以如上的转化原理引导民众。在社会领域，这一原理以老子反复强调的“物壮则老”“柔弱胜刚强”为其实质的内涵，其内在要求是自觉地处于柔弱的状态，避免向相反的方向转化，所谓“强梁者不得其死”，便表明了这一点：“强梁”意味着力量的过度发展[②]，一旦如此，则距消亡便不远了。在老子看来，引导民众，即始于以上道理，所谓“吾将以为教父”便肯定了这一点：这里的“父”有开始或开端之义，“教”则表现为引导。

---

① 王弼在“人之所教，我亦教之”下注曰：“故人相教，违之必自取其凶也。亦如我之教人，勿违之也。”其中包含尊重他人意愿的含义。

② 《庄子·山木》中有“从其强梁”一语，陆德明《经典释文·庄子》注曰：“强梁，多力也。”

第四十三章

原文：

天下之至柔，驰骋天下之至坚，无有入无间，吾是以知无为之有益。不言之教，无为之益，天下希及之。

释义：

本章首先以形象的方式来说明“柔弱胜刚强”这一老子的基本观点。柔弱之物往往无坚不摧，无形的存在常常能穿透一切，这里的“无有”也可以理解为“道”：“道”内在于万物之中，不管是有间隙还是无间隙的东西，“道”都“入”于其中。从另一个方面看，以上现象表明，一开始不引人注目的事物，可以逐渐对其他对象产生深沉的影响和作用，对老子而言，这些现象从一个方面体现了“无为”的观念：“无为”可以引向“无不为”。

“柔弱胜刚强”是老子反复强调的观念，这一观念常以不同的隐喻方式来表示。这里至少可以从两个角度对其加以考察和理解。一是从时间和过程的角度看，一些强盛而有力量的事物，一开始每每显得比较柔弱，尔后才发展成为强有力之物。在这一意义上，柔弱是起点，它构成了一切强盛事物之源。另一角度关乎事物的内在规定，从这一方面看，可以把柔弱的事物理解为具有内在生命、代表事物发展方向的对象，当然，并不是所有事物都具有这样的规定性。在老子那里，以上两重视域彼此交融：他所说的“柔弱”既涉及事物发展的起点，从而内含时间之维；也与发展趋向相关，后者意味着内含生命力量的存在形态较之已经处于强盛状态的事物具有更大的发展潜力。

后面提到的“不言之教”，在第二章已经有所讨论，它所涉及的是社会领域中人与人之间沟通的方式。相对于以言语展开的说教，“不言之教”超越了名言之域，更多地以示范、榜样的方式来引导人。“言”在引申的意义上与政令、法令相关，与之相应，以言说教同时意味着以严刑峻法来规范人。在老子看来，以说教、颁布法令等方式来限定人与通过自身的立身处世来引导人，表现为两种不同的方式。礼乐社会中的人往往倾向于前者，老子则强调以“无为”的方式行事，反对强加于人。当然，这里所说的“无为”主要指不仅仅从主观的目的出发，而不是完全无所事事。这一意义上的“不言之教，无为之益”并不容易实现，所谓“天下希及之”，便表明了这一点。

可以把老子在以上方面的相关看法联系起来理解。尽管这里关乎不同的领域，但都涉及“无”问题。首先，从存在的形态来看，对老子而言，最有力量的柔弱事物是以无形的方式存在，开端与无形常常相关，事物发端之初，往往因其近于无形而不为人所注意，老子反复强调“无形”，“无有入无间”，也表明了这一点。其次，就人的实践方式而言，老子强调“无为”，反对将人的意志强加给外部对象。最后，在社会沟通交往之维，老子强调“无言”或“不言”，所谓“不言之教”，便强调了这一点。总起来，“无形”“无为”“无言”虽然分别与天道与人道之域相关，但都在不同的层面体现了“无”的原理：“无形”涉及普遍的自然形态，“无为”“无言”（“不言”）更多地与人的活动方式相联系，这些原则可以视为注重“无”的形上观念的引申：以“无为”而言，其含义之一是避免仅仅从人的动机、目的出发去干预事物的发展，让事物按其本身的规定发展。可以说，“道”的“无”（“无有”）品格使之内在于万物并普遍地制约万物，后者同时又为人以“无为”方式作用于对象提供了形而上的根据。以“无”为基本原则，自然的法则和社会领域的行为准则之间彼此沟通，从天道意义上的“无形”“无有”到人道意义上的“无为”“无言”，便体现了以上关联。

第四十四章

原文：

名与身，孰亲？身与货，孰多？得与亡，孰病？是故甚爱必大费，多藏必厚亡。知足不辱，知止不殆，可以长久。

释义：

在本章中，老子再一次提到“身”的问题。这里的“身”可以理解为具体的个体或人的生命存在，由此，便发生了如下问题：对个体而言，其生命存在（身）与外在名利之间，哪一个更重要？本章一开始便把这一问题提了出来：“名与身，孰亲？身与货，孰多？”所涉及的，即是“名”与“身”、“身”与“利”（“货”）的关系问题，后面“得与亡，孰病”，则在更普遍的层面追问名利得失的问题。尽管此处似乎没有直接给出答案，但其内在结论已经隐含于其中：按老子的理解，相对于外在的“名”和“利”，个体的生命具有更重要的意义。后面“甚爱必大费，多藏必厚亡”，便是从这一角度立说：过度关注于名利，反而会付出沉重的代价。这一推论的前提是对立的两个方面可以相互转化，所谓“反者，道之动”。从“身”与名利的关系看，离开“身”而追求名利，将导致消极的后果。

后文“知足不辱，知止不殆”，依然要求淡泊名利。“知足”并不是指按照通常的财富标准而获得了多少东西，而是满足于既成的某种财富状况。“知止”也是如此，主要与无止境的求索相对，表现为适可而止。“知足”“知止”中的“知”是指个体在观念层面上的自我认识，“足”“止”则相对于一定的价值目标而言，当个体基于一定的价值标准认识到某种状况，并“知足”“知止”，便可避免过度的名利追求。在这里，自我意识与价值认同合二为一，所谓“知”，便体现了两者的这种统一。达到了以上形态，个体便不仅可以维护自身的生命价值，而且能够持久地存在，所谓“可以长久”，便就此而言。

“身”与感性、具体的个体联系在一起，与肯定身相应，老子也关注“长生”、养生等问题。从其整个哲学构架看，“道”尽管内在于万物，但它本身主要表现为超感性的存在，无法以感性的方式加以把握。然而，在老子看来，超越感性的“道”

与有生命的“身”之间，并不相互对峙，两者具有相关性，可以并重。一方面，生命的维护、身的持久存在，离不开循乎普遍之道；另一方面，在追求超验之道的同时，也不能遗忘作为感性生命承担者的“身”。在某种意义上，身构成了形而上之“道”与形而下的存在沟通的具体载体之一。在前述老子的“四大”〔“道大，天大，地大，王（人）亦大”（第二十五章）〕中，已可看到超验之“道”与人之间的沟通，“身”事实上将人这种存在形态进一步加以具体化，使之呈现有血有肉的现实形态。从中国哲学来看，无论是儒家，抑或道家，都比较关注“身”这种存在状态，感性之“身”与理性之心，也并不彼此排斥，老子的以上观念似乎体现了这一特点。

第四十五章

原文：

大成若缺，其用不弊。大盈若冲，其用不穷。大直若屈，大巧若拙，大辩若讷。躁胜寒，静胜热。清静为天下正。

释义：

此章首先以辩证的表述形式，揭示了事物的外观与其本真形态之间的差异。“大成”属本真或本来的存在形态，“若缺”即是外在的呈现形态。前面已提及，“若”主要涉及外观或表面的呈现形式：本来完美的存在形态，呈现于外时，却显得似乎有所不足。然而，正由于其真实的形态是完美的，因而它的作用永不会枯竭。“大盈若冲”的含义与之相近，“盈”意味着满，

“冲”则表示空和虚，本来充实完满的存在呈现于外时，常常显现为空和虚。同样，因为它的真实形态是充实的，故其作用也难以穷尽。

在相近的意义上，“直”与“屈”、“巧”与“拙”、“辩”与“讷”之间的关系，也都涉及外在形式与真切内容的差异。前面所说的“大成若缺”“大盈若冲”，主要泛指一般的现象，包括自然领域中的事物，“大直若屈”则既可指自然现象（直的对象以弯曲的形式呈现），也可以表示人的品格（正直之人常委曲求全）。比较而言，“大巧若拙，大辩若讷”更多地与人的存在方式相联系：高手常常示人以拙，善辩者往往显得木讷。从总的方面看，人或事物的内在的存在规定与呈现于外的形式之间，总是有某种距离。老子由肯定事物的内在规定与外在呈现的区分，进一步考察人自身的存在形态，强调人格的内在规定与外在形式并不完全一致，这与儒家对人的看法似乎存在某种差异。儒家一方面以德性为人格的内在规定，另一方面又肯定人格有其外在的表现形式，言行举止由野而文，合乎礼仪，所谓礼之“节文”，便涉及人与人的交往过程中个体的人格形象以及文明的交往方式，后者包含形之于外的一面。在儒家那里，内在德性和外在形式无法分离，所谓“文质彬彬”便体现了这一点：“文”展现的是外在形式，包括文明的交往方式，“质”则侧重内在德性。比较而言，老子将内在规定放在更为优先的地位，在本体论上，强调以道为外在现象的真实根据；在人格层面，则肯定外在形式之后的德性是更为重要的品格。

需要注意的是，一般而言，以上带有负面意义的概念，如“缺”“冲”等等，既可用以表示真实的状况（确实缺乏和不足，或确实空空如也），也可以指仿佛如此，但真实的形态并非这样，如上所言，老子侧重的是后一种情况。在他看来，在真实的存在形态与外在呈现不一致的背景下，具有真实规定的事物依然可以发挥其作用。所谓“其用不弊”“其用不穷”，便表明了这一点。这种作用从一个方面表明，“若缺”“若冲”与实质上的“缺”或“冲”不同，在实际上不足或空虚的情况下，事物便难以发挥“不弊”“不穷”的作用。质言之，事物的现实作用乃奠基于其真实形态之上。

后面提到“躁”与“寒”、“静”与“热”的关系。从逻辑上说，“躁”与“静”相对，“寒”则与“热”相对，“躁胜寒，静胜热”的表述，逻辑上似乎显得不是很对应。然而，在引申的意义上，这依然可以理解：“躁”表现为动的状态，而根据日常经验，在运动中常常可以抵御或驱除寒气；同样，“静”也可以让动态中的燥热有所下降。同时，不论表现形态如何不同，最后引出的结论仍具有一致性，即“清静为天下正”。“静”与“动”相对而言，广而言之，也与老子的“无为”等观念前后呼应。这里特别提出“清”一词，在日常生活之中，“清”往往与

"浊"相比较而言，"浊"意味着多样、混杂，与之相对，"清"则超越这种混杂、多样，更多地呈现自我同一的形态：较之"浊"，"清"表现为成分单一而纯净，这一意义上的"清"与"玄同"具有相关性和一致性。老子一再提到，"道"作为真实的存在，乃是"玄之又玄"，这种"玄之又玄"的"玄同"，也就是没有分化的存在形态，虽然它也可呈现混沌的形态，但有别于分化之后的多样统一。从上述层面看，"清静"以静而同一为内涵，所谓"清静为天下正"，则表明静而同一的存在形态构成了天下万物有序存在之源。

第四十六章

原文：

天下有道，却走马以粪；天下无道，戎马生于郊。祸莫大于不知足，咎莫大于欲得，故知足之足，常足矣。

释义：

此章一开始便描述了战争与和平时期的不同现象，而战争与和平又与“有道”和“无道”相关。“道”既表示本体、存在法则，又涉及一般意义上的社会理想、价值理想。这里的“有道”更多地倾向于社会之域的正义之道而言，近于孟子所说的“得道者多助，失道者寡助”① 中的“道”。所谓“天下有道”，

① 孟子·公孙丑下.

是指整个社会政治比较清明有序，在这一政治格局下，便可以化干戈为玉帛，避免战争，从而使本来可能驰骋于疆场之马，转而用于田间送粪播种的农耕活动。反过来，若“天下无道”，政治昏暗、社会无序，便容易导致战争，从而发生战马生于荒郊野外的状况，亦即“戎马生于郊”。“天下有道”与“天下无道”、战争与和平，伴随着不同的社会现象，其中蕴含着对“无道”和战争的批评态度。

从形式上看，后面所论与前面对战争的评价似乎没有直接的关系，但是若做进一步的考察，便可以发现两者之间具有内在的关联。这里提到“欲”与“知足”的问题：“祸莫大于不知足，咎莫大于欲得”①，其中，“欲”（欲望）被置于十分负面的地位。“欲”之被赋予负面意义，与老子前面对战争的否定直接相关。对老子来说，战争的根源就在于人的欲望，正是由于欲望（“欲得”）的极度膨胀，导致了彼此之间的争夺，包括国与国之间的冲突。在这一意义上，人之“欲”的过度，是引发战争的根源，正是有见于此，老子对过度的欲望一再提出批评。以“欲得”为“咎”，由此反对欲望的过度膨胀，在这方面，老子与儒家有相通之处：从孔子到孟子，儒家也一再地要求“寡

① 帛书甲本和乙本在“祸莫大于不知足，咎莫大于欲得”前有“罪莫大于可欲”一句，郭店楚简《老子》残简在同一位置也有“罪莫厚乎甚欲”，可能早期文本有此句。但从内容看，与后面“咎莫大于欲得”似略显重复，王弼本脱此句，其缘由或是此句于义为赘。

欲”或“无欲”。当然，在老子那里，“无欲”的观念同时与“道”的原理相联系。老子一再将“虚”“静”作为“道”的根本规定，在人的生活实践之中，“虚”“静”便表现为抑制和净化各种欲望。

与欲望的过度相对的，是“知足”，“知足”本身又表现为对“不知足”的超越。“不知足”意味着贪得无厌，从而可以视为“欲”的体现；“欲得”与“不知足”表现为同一过程的两个方面。与之相联系，“知足”的实质内涵在于给人的欲望规定一个限度，“足”也就是满足于这一限度，它意味着将自己的欲求限定于适当的范围，以此避免欲望的过度发展。可以看到，“知足”与欲望的适度具有一致性，而战争则是由于人的欲望未能节制、过度膨胀所导致，因此，要避免战争的发生，便需要将欲望限定在一定的“度”之中，“知足”即体现了这种“度”的意识。以上侧重于非战的立场与控制“欲”的主张之间的关联。从更广的视域看，在老子看来，一旦做到“知足”，便可以达到长久地处于价值的满意状态，所谓“故知足之足，常足矣”，便强调了这一点。

综合前面所述，老子实质上从两个方面对战争的根源做了追溯：从外在的社会背景看，战争的根源在于“天下无道”；从人的内在意识看，战争的发生又与人的欲望联系在一起。与之相联系，对老子而言，消除战争之源，既以形成“天下有道”的政治背景为前提，又以限定人的欲望、达到“知足之足”为条件。

第四十七章

原文：

不出户，知天下；不窥牖，见天道。其出弥远，其知弥少。是以圣人不行而知，不见而名，不为而成。

释义：

在帛书甲本和乙本中，“不出户，知天下”一句中的“知”之前均有“以”字：“不出户，以知天下”。“以”包含目的指向，“不出户，以知天下”相应地具有如下含义：不出户，是为了知天下。依此，则“不出户”便成为达到“知天下”的手段或前提；以另一种方式表述，也就是通过“不出户”以达到“知天下”。后面“不窥牖，见天道”与上句类似，帛书甲本和乙本中“见”为“知”，同时“知”之前有“以”字，即“不窥牖，以知天道”，与前句相近，这一表述同样以“不窥牖”为“知天道”的方式。王弼的通行本中“以”字虽略去，但含义大体一致。“不窥牖”与“不出户”相近，是比较形象的说法，“户”表示房门，“牖”则指窗户；“不出户”即不出房门，从而不接触外界，“不窥牖”则是不观看窗外的事物，两者都表现为在感性的层面（经验感知的层面）与外部世界完全隔绝。宽泛而言，这里的“天下”可以在形而上的层面指整个世界或无所不包的存在，也可以在经验的层面指万物或众多的事物，后者与经验知识相联系。与后面的“天道”相呼应，此处的“天下”显然主要表示作为整体的存在。较之“天下”，“天道”更多地侧重于存在的根据。在老子看来，不论是作为整体存在的“天下”，还是作为根据存在的“天道”，其把握过程都不涉及经验世界。

以上主要指出了达到“天下”“天道”不仅无须借助“出户”“窥牖”等感性的途径，而且以疏离感性世界为前提。后面进一步强调：“其出弥远，其知弥少。”“其出弥远”，表示与经验世界的接触的范围越广，“其知弥少”则意味着对作为整体存在的“天下”以及作为根据存在的“道”的认识越少。这样，经验世界不仅不是把握“天道”的前提和条件，而且构成了达到“道”的障碍。由此，老子进而从逻辑上引出“不行而知，不见而名，不为而成”。这里的“知”与“名”，都与通常意义所说的经验知识相对而言，涉及形上的智慧以及普遍之理①，“行”与“见”则属感性的活动。“不行而知，不见而名”表明，形上智慧的获得，并不基于经验世界之中的感性活动。可以注意到，对老子而言，经验领域的知识并不是达到形上智慧的前提，相反，它们构成了具有负面意义的障碍。由此出发，老子趋向于解构经验知识，后者注重否定意义上的“破”。类似的方式，在儒家哲学中也可以看到，如荀子提出“解蔽”，其中也包含某种消解或破除之义。不过，在荀子那里，“解蔽”主要是消除片面性，而不是解构经验世界本身，这与老子消解经验知识本身显然不同。从总体上看，老子侧重于消极意义上的“破”或否定经验世界，荀子等哲学家则将“解蔽”视为超越主观成见和主观片面性的前提，并主张由此从正面如其所是地理解世界和人。

① 王弼在解释“不见而名”时指出：“识物之宗，故虽不见，而是非之理可得而名也。”（王弼．老子道德经注：第四十七章//王弼集校释．北京：中华书局，1980：126）这里的“物之宗”“是非之理”皆关乎对象的普遍规定，而名则与之相涉。

第四十八章

原文：

为学日益，为道日损。损之又损，以至于无为，无为而无不为。取天下常以无事，及其有事，不足以取天下。

释义：

本章所讨论的问题，涉及如何得道，从而与前一章具有相关性。开宗明义，老子首先区分了“为学”与“为道”。“学”主要关乎经验层面的知识，“为学”则以获得经验知识为指向，并表现为一个不断积累的过程，因为经验世界千差万别，无限多样，这方面的知识也需要通过日积月累的方式逐渐增益，“为学日益”即肯定了这一点。“道”主要与形上智慧相涉，“为道”

旨在达到这种智慧，这一过程以摆脱经验世界的多样知识为前提：唯有消除这些经验知识，才能真正把握“道”，所谓“为道日损”，即确认了以上过程。

在老子那里，“为道日损”又涉及“无为”：“损之又损，以至于无为。”“日损”与“无为”的这一联系，使“为道”意义上的“智慧之知”进一步指向生活实践中的“智慧之行”。“无为”表现为循道而行的行为方式，以道为指向的认识过程和以道为原则的行为过程在老子看来是一致的。以道为原则的行为过程，其特点在于尊重自然法则，而不仅仅以人的功利的目的为出发点。如前所述，与之相关的“无为”，并非一无所为或无所事事，作为遵从自然法则之所为，这种“无为”也可以看作智慧之为。在老子看来，这一意义上的“无为”可以导向“无不为”，此即所谓“无为而无不为”。它表明：人的行为若以“道”为依据，则在实践的过程中便始终可以获得成功。

与“无为”相关的是“无事”，“取天下常以无事”，便侧重于“无事”。宽泛而言，这里所说的“事”，也就是人之所作或人之所为，狭义上的“事”，则与有意为之相关。总体而言，道家对“事”持疏而远之的立场，“取天下常以无事”中的“取”表示治理，而不参与“事”则被视为治理天下的前提①。后来庄

① 河上公：“取，治也，治天下常当以无事。”（王卞．老子道德经河上公章句．北京：中华书局，1993：186）

子强调“孰肯以物为事”“何肯以物为事”“圣人不从事于务”[①]，等等，同样表现了以自然之“物”排斥人为之“事”的趋向。与后起的庄子相近，老子对“事”的疏离既意味着反对自然的人化，也表现为对有意而为的拒斥：与“无为”相对，老子所理解的“事”更多地指有意而作，或仅仅从功利的目的出发，无视存在自身的法则之为。对老子而言，一旦以有意为之的方式展开实践活动，便难以使天下达到治理，所谓“及其有事，不足以取天下”，便强调了这一点。在这里，“有事”与“无事”对应于“有为”与“无为”[②]，两者的区分背后，又蕴含着“为学”与“为道”的分野：以经验之知为指向的“为学”，引向行为过程中的“有事”；旨在达到形上智慧的“为道”，在实践的层面则相应于“无事”。

通过区分“为学”与“为道”，老子也有见于“知识”与“智慧”的分别。不过，在注意到两者的差异的同时，老子又似乎过于执着这两者之间的分野，或多或少地将“为学”与“为道”、知识与智慧看成彼此不相容的两个方面，从而导致了智慧与知识的隔绝。就“为学”与“为道”、知识与智慧的真实关系而言，“为道”无法离开“为学”，走向智慧也难以脱离经验知

① 分别见：庄子·逍遥游；庄子·德充符；庄子·齐物论。

② 王弼在“及其有事”下注曰：“自己造也。”（王弼．老子道德经注：第四十八章//王弼集校释．北京：中华书局，1980：128）这里的“造”，即自我造作，与有意为之一致。

识。同时，形上智慧并非以超验的方式存在于经验知识之外，而是需要回归并体现于为学过程。在这一意义上，“为学”与“为道”、知识与智慧展开为一个互动的过程。对两者的以上关系，老子似乎缺乏具体的把握。

第四十九章

原文：

圣人无常心，以百姓心为心。善者，吾善之；不善者，吾亦善之，德善。信者，吾信之；不信者，吾亦信之，德信。圣人在天下歙歙，为天下浑其心。圣人皆孩之。

释义：

“圣人无常心，以百姓心为心”中的“心”，在广义上泛指人的意识或精神，包括理性、情感、意欲等等，这里则主要与人的目的、动机、意愿相关，与之相联系，“圣人无常心，以百姓心为心”的直接含义是：除了百姓的理想、欲求之外，圣人并无自己的恒常欲求。不难看到，其中蕴含着限制统治者欲望的意向。作为百姓意欲的表达，这里以“心”的形式呈现的意欲或欲求，同时表现为某种“民意”，在此意义上，“以百姓心为心”意味着顺从民意。

从以上前提出发，则对待善良者应当善待之，不善良者也应善待之，如此，则民心可以普遍向善。同样，对诚信者加以信任，对缺乏诚信者也应加以信任，如此，则可使天下的人都形成注重诚信的美德。这里首先涉及善与不善、信与不信的区分，而对善与不善、信与不信一视同仁、等量观之，则基于老子关于原初存在形态的看法：对老子而言，本然的存在没有善与不善、信与不信等区分。如前所述，在第二章中，老子已将美与恶（丑）、善与不善的分化视为文明社会各种负面现象形成的根源。在各种分化已经发生的情况下，一视同仁、以合而不分的态度对待不同现象，便意味着回到未分化的状态。

从社会治理的角度看，圣人治理天下之谨慎收敛，旨在使天下处于浑然一体的状态，所谓“圣人在天下歙歙，为天下浑其心”，便表明了以上趋向。以此为进路，便可以让民众回到淳朴的自然状态之下。这里，老子再一次提到了婴儿状态，并将其视为理想的存在形态，“圣人皆孩之”即强调了这一点。前面已提到，婴儿一方面包含不同的发展可能，另一方面本身又非执着于善恶、美丑之分，后者与合而未分的存在状况具有一致性。

第五十章

原文：

出生入死。生之徒十有三，死之徒十有三。人之生动之死地，亦十有三。夫何故？以其生生之厚。盖闻善摄生者，陆行不遇兕虎，入军不被甲兵，兕无所投其角，虎无所措其爪，兵无所容其刃。夫何故？以其无死地。

释义：

本章首先谈到“生死”的问题。从老子开始，道家便一再将关注之点指向“生死”，后来庄子对此也反复讨论。在这里，老子首先把“生死”看作自然现象，“出生入死”表明，生意味着生命的获得，死则表现为生命的终结，这一过程自然而然。

就人的存在形态而言，十分之三的人，善于养生；十分之三的人，不善养生。此即所谓“生之徒十有三，死之徒十有三”①。另有十分之三，其行为方式更趋向于死，之所以如此，是因为他们过于执着于生，所谓“生生之厚”。这里既关乎合乎自然，也涉及偏离自然：善于养生，意味着行为合乎自然法则；不善养生、趋于死地，则表明背离自然。可以看到，自然在此从另一层面构成了主导的原则：在总体上，生死都属自然现象；就人的存在方式而言，合乎自然则生，背离自然则死。以上趋向的前提是，老子并不对生命持贬低、否定的态度，事实上，对生命的价值，老子始终给予了肯定，而从自然的原则出发维护生命价值，则构成了其特点。

以自然的方式从事养生，属于“善摄生”，如此行事，则在陆地上行走不会遇到犀牛和猛虎，参与战事，不会受到兵器的威胁。对这样的善于养生者，犀牛无法以角伤害，老虎不能用爪袭击，兵器上的锋刃也难以及其身。何以会这样？因为他没有可以被置于死地之处：“以其无死地。”如果进一步追问：为什么会“无死地”？从老子前后的论述看，其答案就在于：“善摄生”者的所行所止均合乎自然。

可以看到，“自然无为”作为老子所主张的基本原则，既体

① 释德清：“‘生之徒’者，养形寿考者也。‘死之徒’者，汩欲忘形，火驰而不返者也。”（释德清．道德经解：第五十一章．上海：华东师范大学出版社，2009：104）

现于社会领域的各个方面，如政治实践、日常行为等，也体现于如何养生或如何维护生命价值等问题。与“自然无为”的原则相联系的，老子并不注重从正面刻意求生，而更多地关注于从消极意义上避免可能会导致生命处于危险境界的现象。就总体而言，在老子那里，生命是自然现象，“出生入死”也表现为自然过程，应对这种自然现象的方式，需要从“自然之道”出发。以上方面，构成了老子对生命的基本态度。

第五十一章

原文：

道生之，德畜之，物形之，势成之。是以万物莫不尊道而贵德。道之尊，德之贵，夫莫之命而常自然。故道生之，德畜之。长之育之，亭之毒之，养之覆之。生而不有，为而不恃，长而不宰，是谓玄德。

释义：

本章主要从形而上的层面讨论道、德、万物以及它们的相互关系。“道生之”，突出了“道”为万物之本原的品格，这里的“生”既有生成之义，也有本原和根据的含义。从本原和根据的方面来看，对“道”的看法无疑具有本体论意义，但就生成的角度而言，以上观念又涉及宇宙论：宇宙论往往讨论宇宙的生成、发展、演化过程的问题。“德畜之”中的“德”，表现为存在的规定：“道”作为万物的本原和根据，本身没有任何规定性，万物的形成离不开多样的规定性，“德畜之”意味着“德”赋予物以特定的规定性。“物形之”之“物”，可以理解为“质料因”：具体事物的形成需要特定的质料，“物”即构成了这种“质料”，它使具体对象具有了可以为感官把握的规定。“势成之”之“势”，既表现为由“道”而“德”演化的必然趋向，也以各种条件的综合统一为其实质的内容；与之相应，具体之物的形成，不仅有其演化趋向，而且以各种因素的交互作用为其综合动因。可以注意到，在以上讨论中，宇宙生成的宇宙论问题与以“道”为终极根据的本体论视域相互交错。

“万物莫不尊道而贵德”，涉及对“道”与“德”关系的整体理解和定位。在宇宙的演化和万物的存在过程中，“道”和“德”构成了两个基本的方面。“道”表现为存在的本原和根据，“德”则构成了物之为物的具体规定性，从世界的生成和存在来看，这两个方面都不可或缺。“尊道而贵德”含义之一，与后面“道之尊，德之贵，夫莫之命而常自然”相涉，它表明，无论是“道”，抑或“德”，都与自然相联系，体现了自然的原则。就“道”和“德”自身而言，其存在以自身为原因而不依赖外在的推动力。这一意义上的“自然”侧重于本体论之域的“自因”，由此，老子否定了超越“道”和“德”之上的终极原因。在“道”和“德”的层面，“自然”的第二重含义与“道生之，德畜之。长之育之，亭之毒之，养之覆之”这一过程相联系。在老子看来，不仅“道”和“德”以自身为原因，在它们之外不存在超越的推动者，而且“道”和“德”作用于万物的过程，也具有自然的性质：“道”之构成万物的根源、“德”之赋予万物以多样的规定性，并不是一个有意而为之的过程，其中同样体现了自然的原则。

除了与自然原则的关联之外，“尊道而贵德”还包含更为深沉的内涵。“道”作为存在的一般根据，构成了万物的终极本原，可以将其理解为世界的普遍性原理；“德”涉及对象和事物的具体规定性，可以将其理解为个体性原理，在这一意义上，“尊道而贵德”既表现为对普遍性原理和个体性原理的双重关注，又蕴含着沟通普遍性原理和个体性原理的含义：注重两者，同时意味着肯定两者的内在关联。

作为普遍性原理和个体性原理的体现，“道”和“德”在世界的生成、存在的过程中无法彼此分离，这是老子反复强调的观念。这一观念的意义，需要放在哲学的演化历史中来考察。就古希腊的哲学而言，柏拉图对真实的存在与虚幻的存在做了区分，以为唯有一般的理念才具有真实性，而理念本身又表现为一个层层上升的序列，其最高形态即至善。与理念相对的是作为感性对象的个体，后者在柏拉图看来只是理念的影子或摹本，并不具有实在性。这种以共相为第一原理的形而上学，显然未能对个体原则做出合理的定位。在柏拉图之后，亚里士多德将存在的考察与实体的研究联系起来，认为“什么是存在(being)”与“什么是实体”是同一问题[①]。实体本身有第一与第二之分，第一实体（primary substance）主要指个体，第二实体则包括类或种。在亚里士多德看来，第一实体是最真实的存在，它构成了其他一切事物的基础，如果第一实体不存在，“其他任何事物也都不可能存在”[②]。在这里，亚里士多德似乎表现出回到个体本身的趋向：相对于柏拉图将存在的普遍性和统一性这方面提到至上的地位，亚里士多德更多地强化了存在的个体之维。古希腊哲学的这一发展趋向在尔后的西方哲学演进中一再得到了折射：从中世纪的唯名论与唯实论之争，到近代哲学中的经验论与唯理论之辩，都在不同意义上内含普遍性原理与个体性原理的某种对峙。相形之下，《老子》以“尊道而贵德”沟通普遍性原理与个体性原理，无疑展示了不同的思维路向。以哲学史的以上演化过程为背景，便可注意到，老子在哲学发展的早期提出“尊道而贵德”，对普遍性原理与个体性原理

---

① ARISTOTLE. *Metaphysics*：1028b5//*The Basic Works of Aristotle*. New York：Random House，1941：784.

② ARISTOTLE. *Categories*：2b5//*The Basic Works of Aristotle*. New York：Random House，1941：9.

给予了双重关注，并试图沟通两者，这一理论进路具有重要的意义。尽管在老子那里，以上思想尚未充分展开，但他以言简意赅的方式表达了这方面的观念，无疑蕴含了智慧的洞见。

哲学的发展有实质和形式两个方面，实质的方面即其中隐含的内在观念，形式的方面则表现为以何种语言、概念来表述。“道”与“德”无疑是两个具有中国哲学特点的概念形式，但其背后蕴含的观念，却体现了哲学思维的实质内涵。

第五十二章

原文：

天下有始，以为天下母。既得其母，以知其子；既知其子，复守其母，没身不殆。塞其兑，闭其门，终身不勤。开其兑，济其事，终身不救。见小曰明，守柔曰强。用其光，复归其明，无遗身殃，是为习常。

释义：

“始”既表示开端，又有本原之义，“天下有始”中的“始”，更多地与后者相关，这一意义上的“始”，实质上以“道”为其所指。“天下有始，以为天下母”，意味着作为本原和根据的“道”，同时构成了“天下之母”①。“母”以形象的隐喻，表明“道”与万物之间具有生成与被生成的关系。由此引出的是：“既得其母，以知其子；既知其子，复守其母”，与“母”隐喻“道”相关，“子”关乎“德”以及与“德”相关的万物。从形而上的角度看，这里涉及由“道”而“德”，并由“德”而“道”的循环过程；就认识论的意义而言，“既得其母，以知其子”意味着从“道”的角度去考察万物，“既知其子，复守其母”则是在了解了具体事物之后，进一步加深对“道”的理解，它在认识论上表现为从一般到个别，又从个别回到一般，从而构成了另一重意义上的循环过程，这一意义上的循环与解释学所说的循环呈现某种相通性。在此，本体论意义上的循环与认识论意义上的循环相互交错。

在老子看来，本体论意义上和认识论意义上的以上循环，并不引向以感知的方式来把握世界，相反，它所涉及的，是非感知的方式。后面提及的“塞其兑，闭其门”，意为关闭感官的门户，如此，则可终生无差失。一旦打开感官门户，参与并完成世间之事，则将导致非常消极的后果。感官作为面向世界的通道，更多地与认识论问题相联系。对老子而言，认识论层面从“道”考察万物，又由万物进一步理解“道”的过程，不同

① 王弼：“母，本也。”（王弼．老子道德经注：第五十二章∥王弼集校释．北京：中华书局，1980：139）

于以感官为途径的认识方式；以道观之，并不是基于以感官为通道的认识过程。这一看法与老子强调为学与为道的区分一致，表现出忽视感性认识的趋向。

广义的认识活动关乎“明”，所谓“见小曰明”，便表明了这一点。“明”在老子那里往往与把握“道”相联系，表现为形而上的智慧，“见小”本来有观察细微现象之义，按通常的理解，它表现为考察不容易发现的事物，但当它与“明”相关时，则不同于经验意义上对细微现象的把握，而是更多地与“以道观之”的过程相联系在一起。在此意义上，“见小曰明”也就是通过“以道观之”的方式，去把握经验方式难以把握的对象，由此达到形上智慧（“明”）。在老子那里，认识的方式与存在的方式相关，后面提到的“守柔曰强”，即表现为保持柔弱状态这样一种存在方式。从总体上看，在世的过程涉及“以道观之”，亦即以智慧的方式把握万物，由此达到“复归其明”，如此，则可以终身避免各种灾祸，此即所谓“无遗身殃”。这一“以道观之”、用“道”的智慧之光去照亮万物的过程，在老子看来也就是“习常”。“习”在帛书甲本及傅奕本等中作“袭”，“袭”和“习”可能音近而相通。与之相关，这里在逻辑上包含两重含义：以“袭”而言，“袭”有沿袭之义，引申为循沿、依循，“常”则指恒常之道，就此而言，“袭常”（“习常”）意味着遵循恒常之道。从“习”看，“习”既有体认之义，又有“习行”的含义，就其与“道”的关系而言，则具体表现为“体道”和“行道”的统一。引申而言，从个体的存在方式看，既需要在认识论意义上体认道，也需要在实践意义上践行道。可以看到，基于“袭”而解释“习”与基于“习”而解释“袭”，意义有不同侧重，这种不同可能存在于老子文本的传承过程中，而其实质指向则彼此相通和互补。

第五十三章

原文：

使我介然有知，行于大道，唯施是畏。大道甚夷，而民好径。朝甚除，田甚芜，仓甚虚。服文彩，带利剑，厌饮食，财货有余，是为盗夸。非道也哉！

释义：

“介然有知”中的“介然”本有坚固之义①，引申为确然，与之相应，“介然有知”可以理解为确然有知。“行于大道”既可以指行进在大路上，也意味着按照“道”的原则去践行②。就

---

① 《荀子·修身》：“善在身，介然必以自好也。”杨倞注：“介然，坚固貌。”

② 王弼在“行于大道”下注曰：“行大道于天下。”（王弼．老子道德经注：第五十三章//王弼集校释．北京：中华书局，1980：141）“行大道于天下”也就是推行大道于天下，这一解说的实质内涵即按道的原则践行。

行道而言，最需要慎重注意的，便是避免在循道而行的过程中走入歧途，所谓“唯施是惧”①。从现象或经验世界看，道表现为坦坦大路；从哲学层面看，“道”作为普遍法则，也没有任何神秘之处，它内在于万物及其运行过程。与“大道”相对的是所谓“斜径”或“小径”，后者可以理解为世俗之知：走斜径意味着为世俗之知所支配。本来，每一个人都可以把握“道”并按“道”的智慧去行事，但在现实生活中，人们却常常放着大道不走，偏要选择斜径，这就是所谓“大道甚夷，而民好径”。

同样，在社会政治领域中，统治者往往放弃“道”的智慧，仅仅运用世俗之智去追寻功利目的。后面具体罗列了政治上的这一类现象。“朝甚除”，即宫廷富丽堂皇，它表明统治者大兴土木，修建宫室，而不问民生。与之相应的是田地荒芜，仓廪空虚，而统治者却依旧衣着华丽，食不厌精，财富充裕。在老子看来，这类人张扬、炫耀、华而不实，属于“盗夸”②，其行为完全与道相悖。“非道”

① 王念孙：“施读为迤，迤，邪也。”（王念孙．读书杂志：余编上卷．上海：上海古籍出版社，2014：2583）

② “夸”近于“夸诞”，有张扬、炫耀之义，《荀子·不苟》：“夸诞生惑。”《荀子·儒效》：“夸诞则虚。”吴澄在“盗夸”下注曰：“是犹为盗之人得物多而以夸张于外。”（吴澄．道德真经吴澄注．上海：华东师范大学出版社，2010：76）魏源：“皇皇夸张者，小径也，与道相反……故曰：盗夸，非道哉。”（魏源．老子本义．上海：上海书店，1987：61）又，《韩非子·解老》“盗夸”作“盗竽”，焦竑《老子翼》此处表述与《韩非子·解老》相同（焦竑．老子翼：五十三章．上海：华东师范大学出版社，2011：131）。“竽”为五声之长，依此，则“盗竽”犹盗魁。此或可备一说。

的结论表明，导致以上社会现象的根源，在于没有按照“道”的智慧去行事，亦即未能以道观之，行于大道。

以上观念同时表现了老子社会批判的趋向。从中国思想史的演化看，社会批判大致发端于先秦，不同的学派和人物在这方面呈现不同的立场。就儒家来说，孔子批评“礼崩乐坏”，这也是一种广义的社会批判。比较而言，道家更多地从道出发去考察当时的社会政治领域，对与道相悖的现象提出批评。按老子之见，政治昏暗等现象的出现，都缘于偏离“道”的智慧。事实上，在老子那里，社会批判与“以道观之”便紧密地联系在一起，这种关联构成了老子社会批判的显著特点。

第五十四章

原文：

善建者不拔，善抱者不脱，子孙以祭祀不辍。修之于身，其德乃真；修之于家，其德乃余；修之于乡，其德乃长；修之于国，其德乃丰；修之于天下，其德乃普。故以身观身，以家观家，以乡观乡，以国观国，以天下观天下。吾何以知天下然哉？以此。

释义：

本章首先考察了社会生活中的若干现象。善于建构者，其所建构的一般不易除去。以日常的建木桩而言，如果木桩竖得比较牢固，那就难以拔出。善于抱而持有者，其所抱者，也不容易脱手。这一现象描述的背后所要表达的观念，就是后面第五十九章中所强调的“深根固柢”，即巩固基础。对老子而言，基础最为重要，他所说的本、根等，都属基础性的存在形态。从代际延续的角度看，如果能做到“深根固柢”，即家庭关系稳固，则可子孙永续、祭祀不断。尽管老子一开始用了很多形象的隐喻，但这里所说的基础，并不仅仅限于外在之物，其真实所指，乃是事物的内在规定。

后面提到“身”“家”“乡”“国”，其基础或根本的东西都与“德”相关。首先是“修之于身”，从“身”的角度看，所修涉及“真”的问题，这里的“真”关乎真正地拥有，也就是中国哲学所说的“实有诸己”，作为自我所具有的真实规定，它不同于形之于外、炫之于人的外在形态。从“身”与“德”的关系来说，“其德乃真”意味着使德性成为自己所真正具有的内在规定。自我真正拥有德性，这是根本，由此进一步扩展，便表现为“修之于家，其德乃余”。从“身”到“家”意味着德性扩展，这里的“余”，其直接含义是多出来：在自己真实拥有之后，进一步向外扩展而及于家，由此体现于个体之外的更广领域。这种德性如果进一步推广，从“家”到“乡”，便可以受到乡里的尊重，所谓“修之于乡，其德乃长”，便指出了这一点。“修之于国，其德乃丰”。从“乡”到“国”，其德又进一步扩展，所谓“丰”，便意味着增益。当然，从影响和作用的角度看，这种扩展和增益的出发点，仍在“其德乃真”，即自我所具有的真实德性。继之而起的是“修之于天下，其德乃普”，这里的“普”具有覆盖面更广之意涵。

前面侧重于真实的德性及其扩展，后面则涉及把握世界的方式。首先是“以身观身”。从其含义看，“以身观身”，略近于现象学所说的回到事物本身中去。前面提到的“身”“家”“乡”“国”“天下”，是一个不断扩展的过程，老子强调这种扩展不是外在附加或把某种东西强加给外部对象的过程，而是回到事物本身中去。就“身”而言，它表现为从“身”本身出发去把握“身”，而非外在地规定“身”。同样，“以家观家，以乡观乡，以国观国，以天下观天下”也是如此，其共同特点在于以事物本身为出发点去加以把握。顺便指出，“以国观国”的“国”，郭店楚简本及帛书甲本作“邦”。不过，就其实际所指，“邦”和“国”似乎并没有根本差异。

当然，不同的哲学家对于“回到事物本身”常常有不同的理解。在现象学那里，“事物”往往有别于经验现象，而更近于胡塞尔所说的纯粹意识或纯粹自我，它被视为最本原的东西，相对于后来各种观念而言，呈现先验的形态。与之有所不同，对老子来说，回到事物本身，也就是回到事物的本原或回归“深根固柢”的基础。前面已提及，老子非常强调终极意义上的“本”或“根”，宇宙的演化表现为由“道”而“德”，世间万物又有各自的根据和基础，“以身观身，以家观家，以乡观乡，以国观国，以天下观天下”，也就是把握“身”之为“身”、“家”之为“家”、“乡”之为“乡”、“国”之为“国”、“天下”之为“天下”的根据和基础。对世界的真切理解，也以此为前提，所谓“吾何以知天下然哉？以此”，也表明了这一点。

第五十五章

原文：

含德之厚，比于赤子。蜂虿虺蛇不螫，猛兽不据，攫鸟不搏。骨弱筋柔而握固。未知牝牡之合而全作，精之至也。终日号而不嗄，和之至也。知和曰常，知常曰明，益生曰祥，心使气曰强。物壮则老，谓之不道，不道早已。

释义：

老子一书多次提到“赤子”或“婴儿”，这是一种隐喻。前面已提及，从存在形态来看，相对于后来人的成熟发展形态而言，“赤子”或“婴儿”作为可能的存在形态，包含不同的发展可能，具有无限开放性。同时，赤子或婴儿的特点之一是知识未开，后来王阳明也常说婴儿状态即知识未开的状态，所谓知识未开，也就是还没有受到各种经验知识（包括世俗观念）的影响，对老子来说，经验领域的知识或世俗之智对把握“道”而言都是一种障碍，而赤子或婴儿则并没有后来积累起来的这种经验知识。此外，按老子的理解，赤子或婴儿又是生命力最为旺盛、潜力最大的存在形态。人一旦达到成年或壮年，其生命力便开始慢慢走向衰弱，而在赤子或婴儿状态下，一切都是向上的。在这一意义上，赤子或婴儿也表现为具有正面价值的存在形态。本章对此做了种种形象的描述，如蜂蝎毒蛇不来螫，野兽猛禽难以抓（“蜂虿虺蛇不螫，猛兽不据，攫鸟不搏”），筋骨虽柔软，拳头却紧握，虽不知两性交合，却多方面萌动与之相关的趋向，这是生命力量的充分展现（“未知牝牡之合而全作，精之至也”），如此等等。所有这些描述，都指向赤子或婴儿所内含的生命力量，而其更为深沉的内涵，则是突出作为存在根据、万物之本的道的形而上意义：赤子或婴儿所隐喻的，乃是本原意义上的道。

本章特别提到了“和”，“终日号而不嗄，和之至也”。终日哭喊，声音却不因此而嘶哑，体现了醇和之气，引申而言，这表明赤子或婴儿的生命力量与他们具有的“和”这一品格相关。“和”本来包含多样性的统一之义，在“和”的形态之下，对象虽存在差异，但同时又处于统一的形态。就赤子或婴儿的存在形态而言，尽管其蕴含不同的发展可能，但这种不同的可能又内在于同一存在（赤子或婴儿）之中。由肯定“和”的本体论意义，老子进一步转向了对“和”的把握，所谓“知和曰常”，便表明了这一点。“知和曰常”的直接含义是了解了“和”，即意味着达到了“常”。“常”本来具有稳定、恒久之义，后者与“道”的品格相通。从终极的意义上看，“知和”以把握道的品格为其内在指向。在这一意义上，“知和曰常”同时将“和”与“道”沟通起来。

由“知和”，老子进一步引出“知常”，“知常曰明”即体现了这一逻辑进展。这里的“明”与经验领域知识的增加不同，如前所述，它的含义更接近于“智慧”。在老子看来，把握了恒常之道，便意味着达到了“明”，亦即获得了“道”的智慧。与之相对，后面的“益生”“心使气”主要表现为离开了“道”的存在形态：“益生”以养生、长生为取向，“心使气”，则表现为意志的作用，其目标在于达到强盛的状态。在老子看来，刻意追求长生久视或事物的强盛状态，往往会走向其初衷的反面并带来消极的后果，所谓“益生曰祥”[①]。后面提到的“物壮则老”，同样表明了这一点：事物的发展一旦达到强盛的状态，即开始走向衰老。这种有意为之的方式，完全背离“道”，老子称

① 林希逸：“祥，妖也。”（林希逸. 老子鬳斋口义. 上海：华东师范大学出版社，2009：60）在此意义上，“祥”表示不祥。

其为“不道”，而“不道”则“早已”，亦即提前或加速走向灭亡和终结。

就本章的内容而言，从赞扬赤子（婴儿）的存在品格，到指出“物壮则老”，前后在逻辑上彼此呼应。婴儿的存在形态意味着多样的可能性、强盛的生命力，然而，一旦这种可能性被充分地展开，那么，它便会走向自身的反面，导致生命的终结。对老子而言，理想的状态是始终保持这种潜在、多样的可能存在形态，避免由可能的展开而导致存在的终结。这一过程同时与把握“道”的品格联系在一起：唯有基于“道”的智慧，达到“知和”“知常”，才能真正维护婴儿这类存在形态。以上看法与老子所一再强调的“无为”“柔弱胜刚强”也彼此交织。

第五十六章

原文：

知者不言，言者不知。塞其兑，闭其门，挫其锐，解其分，和其光，同其尘，是谓玄同。故不可得而亲，不可得而疏；不可得而利，不可得而害；不可得而贵，不可得而贱，故为天下贵。

释义：

本章首先提到“知”和“言”的关系问题。从直接的含义来看，“知者不言，言者不知”，是指有学问的人往往不多说，而多说的常常并不真正具有学问。这里也涉及老子所理解的真正的知识与语言的表达之间的关系，对老子来说，“真知”并不一定要借助于语言的形式来表达，说出来的东西未必能表达真正的知识，而真正的知识可以超越语言。这一观念与《老子》第一章提到的“道可道，非常道；名可名，非常名”前后相呼应。按老子的理解，“道”超乎经验领域的名言，日常的名言很难表达作为最高统一体的“道”。从政治领域上说，这里的“知”和“言”又涉及统治者治国的方式。在这一层面，“言”与各种法令、条文等相联系，“不言”则意味着统治者不能过分地用繁复的法令、条文来约束民众，这一意义上的“不言”，构成了治国的明智方式，与之相关的“知者不言，言者不知”与“大智若愚”的表达也呈现某种相通之处。

紧接上文，老子提出“塞其兑”。从形式上看，这里的“塞其兑，闭其门”在第五十二章中已出现过，一些注释者据此将其看作错简。就文本而言，此句是否为错简，现已无从考证。从实质的方面看，即使这是错简或重置，出现在此也有其道理。从字义上说，“塞其兑，闭其门”意为关闭感官的门窗，引申而言，其中包含封闭通向经验世界的途径之义。以上取向与前面所说的“知者不言，言者不知”在逻辑上具有前后呼应的关联。感官的门窗所达到的是通常意义上的“知”，而非真知，这种与“真知”相对的“知”也就是“不知”。这一意义上的“塞其兑，闭其门”与“知者不言，言者不知”，无疑前后一致。

下面“挫其锐，解其分，和其光，同其尘，是谓玄同”几句，也系复出：第四章中已有同样的表述。这里的“解其分”，郭店楚简《老子》残简，帛书甲本、乙本，以及傅奕本，均作“解其纷”，王弼本第四章也作“解其纷”，“纷”较之“分”，既于义为胜，也合乎文本的前后内容。以上所论一方面指向“玄同”，即通过超越、消解这种多样性，由此走向玄而同一的形态；另一方面也可视为“玄同”的多样表现。这里的“锐”“分（纷）”“光”“尘”，从不同方面突出了差异性，“玄同”则与前一章的“和”前后呼应，其中，存在的各种规定性和不同发展倾向还没有得到充分的展开，从而呈现为原初形态的统一性。对老子而言，差异、区分是引发纷争的根源，通过“挫其锐，解其分（纷），和其光，同其尘”而消除以上差异、区分，也同时包含着去纷争之源的意向。王弼在“解其分（纷）”下注曰：“除争原也”①，似亦有见于此。后面是对“玄同”的具体解释。正因处于“和”而未分的状态，也就谈不上“亲疏”之别：亲疏之别乃是以分化为其前提。从社会生活领域来看，家庭成员之间之所以更为亲密，是因为家庭成员有别于外人，在“玄同”的状态之下，则不存在这种差异。同样，“利”与“害”也涉及类似情况，“利”与“害”之别的出现，与需要的发展和价值的分化相联系：能够满足人不同需要的，常常被称为“利”，反之

① 王弼. 老子道德经注：第五十六章//王弼集校释. 北京：中华书局，1980：148.

则是“害”，在原初的统一状态之下，不存在这样的分化，从而也就没有“利”与“害”的区分。“贵贱”等级的分别，也是如此，其出现以社会成员的分化为前提，在社会未分化的原初状态之下，不存在这种分别。对老子而言，未分化的原初状态是最理想的状态，故“为天下贵”，这里的“贵”，意味着具有正面价值。

老子一再要求超越各种差异、对立，走向或回归未分化的统一形态，在终极的意义上，“玄同”或“和”而未分，体现了“道”的品格。“道”以“无”为存在形态，表明“道”本身没有任何的规定性，处于原初的统一之中。就此而言，肯定“玄同”或“和”，也意味着注重作为存在第一原理的“道”。本章一开始强调“知者不言，言者不知”，说明“道”往往超乎经验知识和名言之域；后文则更多地从“道”的存在形态与存在方式加以考察，表明“道”作为未分化的原初统一形态，区别于经验世界的多样性与差异性，这同时也构成了其无法以感性或经验的方式加以把握的缘由，本段所述内容的前后关联，也由此得到了彰显。形而上层面的“玄同”与社会领域中超乎亲疏、利害、贵贱，从不同方面展现了道的品格。

第五十七章

原文：

以正治国，以奇用兵，以无事取天下。吾何以知其然哉？以此。天下多忌讳，而民弥贫；民多利器，国家滋昏；人多伎巧，奇物滋起；法令滋彰，盗贼多有。故圣人云："我无为而民自化，我好静而民自正，我无事而民自富，我无欲而民自朴。"

释文：

前一章从比较形而上的角度谈论相关问题，这一章则从较为具体的社会政治领域入手。"以正治国"中的"正"，可以指常规的方式，也可以理解为正道；"以奇用兵"中的"奇"，则意味着非常规，通常所谓出奇制胜，便是指使用非常规的方式，注重灵活应变。“以无事取天下”，与第四十八章中的“取天下常以无事”含义一致，指以无为的方式来安定天下，对老子来说，治理天下最高的原则便是无为。具体而言，从何处了解以上道理？老子列举了不少文明发展过程中的现象。“吾何以知其然哉？以此”中的“此”，便指后文提到的诸种现象①。

“天下多忌讳”中的“忌讳”，指政治上各种规章的限定，限定越多，则民众越无法充分施展自己的能力，从而越加贫困。“利器”既可以指生活中有用的器具，也可以指锐利的兵器，民众拥有利器，一方面体现了物质形态上文明的发展，另一方面又表现为文明的普及：文明的成果已为一般的民众所拥有，按老子的看法，如此，则可能导致社会在价值发展方向上迷失，从而使国家趋向昏乱。与之相联系的是“人多伎巧，奇物滋起”，“伎巧”与不同的技艺相关，涉及文明社会的做事方式，技艺多了，则各种新奇之物也随之产生。这里所说的“利器”“伎巧”“奇物”，都可以视为文明发展的成果，对老子而言，所有这些方面都主要呈现消极的意义。后面进一步提及“法令”与“盗贼”的关系：颁布的法令越详明，则人们便可以根据这些条文设法规避法律的制裁，由此导致“盗贼多有”。以上这些方面都与无为相对而属有意为之，其结果则是产生负

① 释德清：“吾何以知无事可以取天下之然哉，以此。此，指下文有事而言。”（释德清．道德经解：第五十七章．上海：华东师范大学出版社，2009：114）

面的效应，这同时也从反面论证了“以无事取天下”的必要性。可以注意到，老子对文明的演化状态总体上持怀疑和批评的态度，这种态度和立场与他所主张的基本价值原则具有一致性，后者也就是老子在总体上强调的自然原则。对老子来说，自然是存在的本然形态，文明的演化则意味着对自然的背离。

文明的演化常常伴随着“有为”：从器具的发明、使用，到颁布各种法令、条文，都表现为有为的过程。正是以上特点，使文明对社会的发展更多地呈现负面的意义。与之相对，老子一再突出无为的观念，并将无为视为最高的治国原则。“无为而民自化”，表明统治者不以政令、法令去扰乱民众的生活，则民众便能自然而和谐有序地生活。“好静”“无事”等，可以看作“无为”的具体形式，统治者以此治理天下，则民众便可避免失范而趋于自富（“我无事而民自富”）。最后是“我无欲而民自朴”，这涉及更为本原的问题。为什么人们会“有为”并不断追求不同的目标？如前面曾提及的，其深层原因在于人有各种欲望。欲望是最内在的推动力，人们的有意而为，都与之相关。在老子看来，改变这种状态的根本途径，就是对人的欲望加以抑制。从统治者与民众的关系看，老子更多地强调统治者的示范作用，统治者能够做到“无欲”或寡欲，那么整个社会中人们的欲望也就不会过度地膨胀，而民众也将归于无为而纯朴的形态，这也就是所谓“我无欲而民自朴”。在此，老子把“有为”、“无为”与“有欲”、“无欲”联系起来，一方面表明欲望是有意而为的根源，另一方面则要求从正面对欲望加以抑制，以此为“无为”原则的贯彻提供前提。

第五十八章

原文：

其政闷闷，其民淳淳；其政察察，其民缺缺。祸兮福之所倚，福兮祸之所伏。孰知其极？其无正。正复为奇，善复为妖，人之迷，其日固久。是以圣人方而不割，廉而不刿，直而不肆，光而不耀。

释义：

本章首先区分了两种治国的方式。“其政闷闷”中的“闷”本有凝而闭之义，引申为浑然未分的状态，从而与前面提到的“玄同”与“和”有相通之处。在老子看来，统治者若能以这种方式治国，则民众也就能保持相对淳朴的状态。“其政察察”的

“察察”与浑然相对，表现为严于分辨、苛于明察，如果统治者以这样的方式治国，则民心容易变得斤斤计较、狡黠刁滑，从而失去淳朴之心。在以上两种治国方式的背后，蕴含了老子对理想政治状态的理解。从本体论的角度看，老子把原初的和而未分视为终极的存在形态，在政治领域中，这种形态便体现为避免以过分严厉、苛察的方式治国，让民众有更多的自由空间。

引申而言，社会领域中存在着“祸”与“福”、“正”与“奇”之间的相互转换。一方面，老子注意到，社会领域中的不同现象并非凝固不变，而是具有相互转换的可能；另一方面，老子对于转化的条件性似乎没有给予充分的重视。“祸兮福之所倚，福兮祸之所伏”表明，“祸”可以转换为“福”，“福”也可以向“祸”转化，依此，则社会中的相关现象呈现为无条件的循环过程。“祸”与“福”之间确实存在相互转换的可能，但这种转换乃是基于一定的前提和条件，老子在此多少忽视了“祸”与“福”向其相反方向转换的条件性，所谓“孰知其极？其无正”：一方面指出了转换过程循环往复，没有止境；另一方面也暗示了转化过程的难以捉摸。

从更广的视域看，社会现象变化的不可捉摸性，还表现在“正复为奇，善复为妖”，即“正”与“奇”、“善”与“妖”之间转化的无法把握。“正”与“奇”涉及行为方式的常规与非常规，“善”与“妖”则分别表示正面的价值形态和负面的价值形态。这种现象，无疑具有让人迷惑的一面，所谓“人之迷，其日固久”便表明了这一点。具体而言，这里包含两重含义：首先，以上现象之间的转化，以社会生活中存在祸福、正奇、善妖等分化为前提，但人们往往未能注意到这一点。其次，人们常常容易以凝固不变的眼光看待各种现象，而难以把握现象的可变性，由此惑于变化的世界。

如何应对多变的世界？老子借圣人之名，提出了如下方式：“是以圣人方而不割，廉而不刿，直而不肆，光而不耀。”从直接的含义看，这里强调的是避免执着于某一极端。在老子看来，在已分化的社会状态之下，如何处理这些分化的关系，是无法回避的问题。作为方方正正的存在形态，“方”显得比较生硬，“不割”意味着避免趋于棱角分明的生硬的状态。后面“廉”与“不刿”的关系也是如此。“廉”有边角的意思，“刿”则指划破①，边角本来易于划破他物，“廉而不刿”，则意味着避免锋芒太过：一方面坚持基本的价值原则，另一方面又不咄咄逼人或恃才伤人。“直”表示正直，正直的人往往做事比较直率，由此

① 《荀子·不苟》中亦有“廉而不刿”的表述，杨倞注曰：“廉，棱也。”即“廉”表示棱角。《说文》：“刿，利伤也。”利伤即利器之伤。依此，则“廉而不刿”与“方而不割”前后呼应。河上公以“廉清”释“廉”（王卡．老子道德经河上公章句．北京：中华书局，1993：227），王弼也释“廉”为“清廉”（王弼．老子道德经注：第五十八章∥王弼集校释．北京：中华书局，1980：152），这些诠释与此段的语义逻辑似不甚相合。

进一步发展，容易无所忌讳，给人以放肆之感。在老子看来，做人既要正直，也不宜过度。后面“光而不耀”中的“光”意味着为人光明磊落，疾恶如仇，“不耀”则意味着不能因此伤人。

就处世的角度而言，老子在此肯定了两端之间取其中道的原则，反对执着一端。这种在两端之中保持适当的张力或兼容两端的方式，蕴含着向统一或“玄同”的回归。从形式上看，老子所主张兼容两端，与儒家的中庸或中道观念具有某种相通性，不过，较之儒家的中道之注重把握“度”、避免“过”与“不及”，在老子那里，反对执着一端不仅蕴含着对统一性的追求，而且与“反者，道之动”的原则相联系：执着一端之所以需要拒斥，主要便在于它将引向相反方面。这里既可以注意到“玄同”这一形而上的存在根据，也不难看到作为变化法则的“道”之制约。

第五十九章

原文：

治人事天莫若啬。夫唯啬，是谓早服。早服谓之重积德，重积德则无不克，无不克则莫知其极，莫知其极，可以有国。有国之母，可以长久。是谓深根固柢，长生久视之道。

释义：

本章首先提出了“啬”的问题。按老子的理解，无论“治人”，抑或“事天”，最基本的原则是“啬”。从哲学的层面看，“啬”的含义更多地侧重于“集聚”“收敛”，引申为积蓄力量，避免不必要的消耗，其目的在于通过自身用力，以巩固基础与根本。与这一意义上的“啬”相对的，是内在和外在方面的无尽追逐。王夫之在解释这一点时，曾指出："人之情无尽，取而治之，则不及情者多矣。天之数无极，往而事之，无可极者远矣。"① 作为不知内敛、一味求索的否定，"啬"的观念同时蕴含着治人事天，最后需落实于"固本"。老子从不同的方面，对"啬"的这种作用和功能做了阐释。首先是"早服"，其具体内容表现为"重积德"，在老子那里，"道"与"德"本来就在逻辑上彼此相关，"积德"与回归"道"，表现为同一过程的两个方面，其指向则是基础和本根的巩固。世界固然有多方面的规定性，但不同规定性又有其"本"，后者以"道"为内容，通过"啬"而"重积德"，收敛积蓄，最终向"道"回归。"道"是本原，以"道"为基础，既是向开端回复，也是为未来做准备，所谓"早服"，便包含以上两重含义。从以上前提出发，便可克服一切障碍。这种基于以上前提而克服一切障碍的过程是没有止境的，懂得了这一点，便可以有其国并治理好国家。所谓"重积德则无不克，无不克则莫知其极，莫知其极，可以有国"，便表达了以上观念。以上过程体现了治国之本，掌握了这种治国之本，便可以长久。"有国之母，可以长久"，即强调了这一点。

由"啬"的原则而落实到"本"，最终表现为"深根固柢"。具体事物的规定性需要有牢固的根据，离开了根本，任何规定都无从发展。从政治领域来说，国家的巩固也要着眼于"本"：

① 王夫之．老子衍//船山全书：第十三册．长沙：岳麓书社，1993：54．

如同其他事物各有其本，国家也有国家之本，只有把握了这种根本，才能长治久安。从人的角度来说，安身立命也有其基础和本根，若能抓住自身之“本”，则能“长生久视”。

“啬”这一观念开始时呈现比较抽象的性质，随着“深根固柢”观念的提出，“啬”所隐含的具体内涵便逐渐显现出来：它所指向的，是事物存在的根据。“啬”直接涉及德，所谓“夫唯啬，是谓早服。早服谓之重积德”便指出了这一点。“早服”的直接含义是早做预备，引申为在源头处用力，“啬”即体现了这种践行方式，它所指向的是“积德”。这里的“德”内含了多样的规定性，这种多样的规定性的形成，最终又以“道”为本。“啬”要求关注本原，从本体论上说，它意味着不断地追溯终极意义上的存在根据；从社会政治领域来看，则是“深根固柢”，亦即将自身的存在根据充分地巩固起来。对老子而言，立身处世重要的不是就事论事，而是从本原处用力。

第六十章

原文：

治大国若烹小鲜。以道莅天下，其鬼不神。非其鬼不神，其神不伤人；非其神不伤人，圣人亦不伤人。夫两不相伤，故德交归焉。

释义：

本章所讨论的治国原则，也是前几章共同讨论的问题。开宗明义，老子提出“治大国若烹小鲜”，“小鲜”通常理解为小鱼，一般而言，在烹饪小鱼的过程中，不宜老是翻动，若翻得过于频繁，便难以保持其完整性。治国过程同样也是如此，不能总是用政策法令扰乱民众，而是应该按无为的原则，让民众以自然而然的方式生活。

后面从“道”与“无为”的关系上继续讨论以上问题。以无为的原则治理国家，要求以道为出发点和根据，所谓“以道莅天下”，也就是将“道”作为统摄天下的原则。如此，便可达到“其鬼不神”“其神不伤人”。“鬼”“神”通常被视为超自然的存在，然而，从道法自然的观念出发，老子很少承诺超自然的存在。事实上，有意志、有人格的超自然的存在，与老子所主张的万物自然的观念不相容，基本上不在老子的视野之中。与这一前提相应，本章中的“鬼”“神”不宜理解为通常意义上的超自然存在：按其实质的内涵，此处所说的“鬼”，可以视为一种隐喻，表示“道”所蕴含的超验力量，“神”则具有变幻莫测之义，《易传》所谓“阴阳不测之谓神”①，也表达了类似的含义。与此相联系，“其鬼不神”“其神不伤人”便可做这样的理解：尽管“道”不同于经验世界的具体之“有”（万物），而是蕴含“无”形的超验力量，但如果以无为的原则治理国家，则这种力量便不以变幻莫测的形态出现，当然，这并不是说，“道”所蕴含的“无”形力量，不具有变幻莫测的性质，而是指这种变化不会对人产生否定性的影响或伤害。由“道”而人，“道”的以上作用方式，最后体现并落实于“圣人”，这里的“圣人”可以视为按道的原则治国的统治者，“道”所蕴含的力

① 易传·系辞上.

量不会对人产生伤害，这一点通过依道而行的统治者的行为而得到具体展现，所谓“非其神不伤人，圣人亦不伤人”，可以看作对上述关系的表述。在“圣人亦不伤人”背后，蕴含着治理者（圣人）与被治理者（人）之间的关系，当两者相安无事时，其德便得到共同彰显，此即“夫两不相伤，故德交归焉”。归根到底，治理者（圣人）与被治理者（人）之间这种互不相伤、德性归厚的形态，乃是以遵循道法自然的原则为其前提的。

第六十一章

原文：

大国者下流。天下之交，天下之牝。牝常以静胜牡，以静为下。故大国以下小国，则取小国；小国以下大国，则取大国。故或下以取，或下而取。大国不过欲兼畜人，小国不过欲入事人，夫两者各得其所欲，大者宜为下。

释义：

本章讨论的主要是国家之间的关系："大国"与"小国"的关系即从一个方面体现了当时国与国之间的关系。老子首先以"水"为喻，水总是往下流，越是在下游，其容纳的水就越多。大国的立国方式也应该像水一样，甘于居下，兼容各方。对老子而言，这种居下兼容的方式与“牝”相联系，“牝”代表阴性，更多地涉及“柔”的方面。以“柔”“弱”为其特点，“能容”与阴性之“静”相互融合，可以胜过“牡”所代表的阳性。水之能容与阴性之静具有一致性，其共同特点在于以柔弱的方式去战胜其他力量。

以上主要从总的方面说明应该以“柔弱”为处理国与国关系的原则和基本方式，由此出发，老子具体地考察了大国和小国之间的关系。“大国以下小国”中的“下”，表示某种低姿态，大国本来是处于强势的地位，若能以低姿态的形式来对待“小国”，那就会很得人心。“取小国”中的“取”，泛指取得，就大国与小国的关系而言，“取”既可以指占据小国，也可表示在小国得人心。与之相联系，“小国以下大国，则取大国”中的“取大国”，主要指取信于大国或得大国之人心，从而为大国所容。小国的力量很弱，要在弱肉强食的国家关系中生存，就需要以谦下为交往方式。在此，以谦而得人心为内容的“取”构成了能够在复杂的国与国之间的关系中立住脚的前提。从总体上看，老子在这里把如何处理国与国之间的关系作为中心问题加以讨论，对他来说，处理国与国之间的关系基本原则就是彼此宽容谦下，大国应该以此来对待力量上不如自己的国家，而不能以强势、霸凌的方式来压服其他小国；同样，小国也应以这种方式对待大国，由此取信和见容于大国。“或下以取”，指的是前一种情况，“或下而取”，则指后一种情况。

一般而言，大国之欲，不外乎兼并他国、统治他国之人；小国之欲，则是为他国所容并效力于他国的统治者，所谓“大国不过欲兼畜人，小国不过欲入事人”所指即这类情形。大国与小国要各得其所愿，则以大国的谦下为前提，“夫两者各得其所欲，大者宜为下”，便强调了这一点。从通常的情况看，小国处于弱势，因而容易表现出低姿态，比较而言，大国处于强势，往往趋向凌驾于他国之上，正因为如此，故大国的谦下更不容易，老子认为“大者宜为下”，显然也有见于此。

在人类演化的历史过程中，强权即真理这类原则常常占上风，现代国际关系中的所谓“霸权”，可以视为这类原则的延续。与之相对，老子在这里肯定国与国之间的交往应当以相互谦下、彼此宽容为基本的准则，由此达到大国与小国之间相安无事，“各得其所欲”。从大国的视域看，以此为原则，便可以形成向心力，并广得人心；就小国的角度而言，以此为原则，则能够在复杂的国家关系中立足。

此外，本章还涉及天下与国家的关系。天下超越国界，不限于国与国的分别，具有更广的意义。老子提出“天下之交，天下之牝”，意味着从天下的视域考察国与国的关系，这使处理国与国之间关系的原则具有了更为普遍的含义。作为国与国之间的相处准则，“下”或谦下以更广意义中的“静以胜动”“柔弱胜刚强”为根据，后者构成了天下的普遍原则。儒家注重“治国平天下”，在逻辑上体现了由“国”而“天下”的进路，所谓“平天下”则更多地表现为政治理想或理想的目标，老子则以“静”“柔弱”为天下的普遍规定，由此出发，进一步确认处理国与国关系的原则，其中蕴含着由“天下”（普遍原则）到“国”（具体准则）的进展。

第六十二章

原文：

道者万物之奥，善人之宝，不善人之所保。美言可以市，尊行可以加人。人之不善，何弃之有！故立天子，置三公，虽有拱璧以先驷马，不如坐进此道。古之所以贵此道者何？不曰以求得，有罪以免邪？故为天下贵。

释义：

在本章中，老子从另一角度对“道”的内涵做了阐述。这里首先提到“道”和万物之间的关系，其中涉及“道”在整个世界中的地位问题。从其内涵看，本章中的“奥”大致涉及以下两重含义：其一，指室之西南角[①]，引申为深藏于内、隐而不露[②]；其二，表示“主”或主导[③]。这两重含义，分别关乎“道”在老子哲学中的相关规定。“万物之奥”，帛书甲本和乙本作“万物之注”，“注”与“主”相通，依此，则“万物之注”侧重于以上两重含义中的后一方面。深藏于内、隐而不露包含内在于万物并为万物所容之义，“道”作为终极的本原，同时涵盖“万有”，万物则归本于“道”。这一意义上的“奥”，体现了道的本原性和内在性。就“奥”之为“主”而言，则以“道”为万物之“奥”，同时又肯定了道既是存在的普遍根据，又是存在的法则；作为存在的法则，道又制约着世间万有。当然，如老子一再强调的，这种制约并不表现为外在的主宰或支配，而是取得内在于万物的形式。

从道德标准考察，可以把人区分为“善人”或“不善人”，不管是“善人”还是“不善人”，都无法离开“道”的制约。当然，从人与“道”的关系看，“善人”与“不善人”呈现不同的特点。“善人”有自觉的道德意识，故能将“道”作为珍惜的对象，“不善人”缺乏这种自觉的道德意识，只能被动地为“道”

---

① 释德清：“奥者，室之西南隅。”（释德清．道德经解：第六十二章．上海：华东师范大学出版社，2009：121）

② 王弼：奥，“可得庇荫之辞”（王弼．老子道德经注：第六十二章∥王弼集校释．北京：中华书局，1980：161）。

③ 《礼记·礼运》：“人情以为田，故人以为奥也。”郑玄注曰：“奥，犹主也，田无主则荒。”

所涵盖，受到道的荫庇。“善人之宝，不善人之所保”便体现了他们与“道”的不同关系。

一般而言，华丽的语言可以取悦于人，其功能如同交易，所谓“美言可以市”，即蕴含了此意。与之有所不同，合乎道德的行为，则可以为人所认可，并从正面影响他人，“尊行可以加人”，便指出了这一点。从形而上的角度看，“道”具有普遍的涵盖性，在面对社会生活中的不同人物时，这种普遍的涵盖性具体地体现为宽容的原则。在后一意义上，“以道观之”意味着宽以待人。即使不善之人，从道的角度看，也需要接纳，而不能加以排斥，所谓“人之不善，何弃之有”，便表明了这一点。这一取向与前面第六十一章所主张的处理国家关系的原则有彼此呼应的一面：后者侧重于国与国之间的关系，前者则主要指向人与人之间的关系。以上方面，同时体现了道在社会领域的普遍制约意义，由此，老子认为，确立天子，设置三公，拥有名贵之玉，乘坐四马高车，这都属于社会领域中的世俗之举，比这些外在方面更为重要的，是引入普遍之道。

历史地看，为什么“道”如此受到注重（“古之所以贵此道者何”）？在老子看来，概括起来主要是缘于两个方面，其一，“以求得”；其二，“有罪以免”：“古之所以贵此道者何？不曰以求得，有罪以免邪？”“以求得”，指“得道”之后，人的言行便会得到社会的认可和尊重，从而可以顺利地实现其不同的价值目标，这是从正面、积极的意义上说；“有罪以免”，主要是从消极的方面看，一旦引入“道”的原则，则即使有了过失，也可以得到宽恕。就此而言，道“为天下贵”。可以注意到，老子的关注之点已不再仅仅是形而上的维度，也是“道”对社会生活的影响。从人如何处世、“道”对人的关系看，这种讨论的前提固然在于肯定“道”的普遍涵盖意义，“道”作为万有之本和存在的法则，既制约着各种对象及其运行，也同样影响着人的社会生活，但此处着重于从“道”如何调节人与人之间的关系这一角度来阐述其意义。“道”不仅是形而上的原理，而且表现为如何处世的原则，存在的原理和处世的原则在老子那里往往相互交错。事实上，前面提到的“道大，天大，地大，王（人）亦大”表达的也是类似的含义：“四大”之说的要旨，即在于对形而上的“道”与人的存在做一沟通，这种沟通体现于不同的方面，以上主要从如何处世的角度展开和发挥了这一观念。

人的处世过程，往往与“术”（包括“谋术”“权术”等）相关。老子在本章中将以道观之与“以求得”和“有罪以免”联系起来，似乎使“道”逐渐向“术”延伸。一方面，“道”与人的处世方式以及在世过程的沟通，可以避免“道”向思辨、超验的方向发展，并扬弃其可能具有的思辨性和超验性；

另一方面，以上引申又容易使“形而上之道”技术化为某种“术”，道家之学后来不断地向各种“术”（如“长生术”“权术”“南面之术”）衍化和发展，与以上进路显然不无关系。

第六十三章

原文：

为无为，事无事，味无味。大小多少，报怨以德。图难于其易，为大于其细。天下难事必作于易，天下大事必作于细，是以圣人终不为大，故能成其大。夫轻诺必寡信，多易必多难，是以圣人犹难之。故终无难矣。

释义：

本章首先谈到了“无为”“无事”“无味”的问题。“为无为”在第三章中已提及，其要义在于将“无为”看作“为”的一种方式，亦即以“无为”的方式去“为”。它表明：“无为”并不是“无所事事”。同样，“事无事”中的“无事”，也不是不参与任何事，而是以“无事”的态度来对待事，后者不同于“无事生非”、人为地去制造一些“事”。“味无味”与前面提到的对待“欲”的态度具有一致性，“味”的直接含义与人的味觉相联系，引申而言则与感性的欲望相涉，在此意义上，“味无味”表现为以“无味”为“味”，其内在的含义则是以“无欲”为“欲”。事实上，在老子那里，“无味”与“无欲”是相通的。对老子而言，世间之所以有如此多的相互争夺、冲突，其根源就在于人的欲望过度膨胀。要从根本上抑制这类“相争”，便需要抑制引发相争的欲望。

从直接的含义来说，这里提到的“大小多少”也就是“以小为大”“以少为多”，它与人之所“为”以及人所做之“事”相联系，体现了人对待事情的态度。人在处世之时，应该注意刚刚发生或处于萌生的事物状态，对小的事情或不太引人注目的事物，尤其需要以慎重之心对待。在老子看来，事物的演化乃是从小到大、由微而显。从人的实践过程来说，先从容易的开始，然后逐渐地向比较难做的方面发展，在这个意义上，“以小为大”、“以少为多”和由易而难、由简而繁的做事过程具有一致性。这也就是老子所说的“图难于其易，为大于其细。天下难事必作于易，天下大事必作于细”。以上看法与老子对开端和可能状态的注重具有一致性。前面老子以“婴儿”为喻，表达了对事物开端状态及可能状态重要性的关注；在事件刚刚萌发的状态之下以慎重之心来对待，与之前后呼应。在这一过程中，基本的出发点始终是“为无为，事无事”，由易而难、由细而巨地从事具体活动，并不刻意地以求其“大”，但最终却能成其大：“是以圣人终不为大，故能成其大”。

与以上过程相关的是“报怨以德”。从“大小多少”的观念看，在“怨”初起之时，即应加以抑制，正如在事物刚刚萌发时，便需慎重对待。如果任“怨”滋长或以怨报怨，则可能由“怨”而“怨恨”，导致人与人之间的对立和冲突。在老子看来，避免这种状况的合理方式就是以德报怨。这种看法与儒家显然有所不同。《论语》中曾记载了如下对话：“或曰：‘以德报怨，何如?’子曰：‘何以报德? 以直报怨，以德报德。’”[①] 在此，孔子显然不赞成“以德报怨”的主张，而主张“以直报怨”。从具体含义上看，“德”蕴含着某种谦下、辞让的趋向，“直”则以正直、刚正为取向，如果说，前者与老子“柔弱胜刚强”的主张具有一致性，那么，后者则更合乎儒家刚健自强的价值立场。就此而言，“报怨以德”既以“大小多少”（“以小为大”“以少为多”）为前提，也延续了老子“柔弱胜刚强”的一贯主张。

“轻诺必寡信，多易必多难。”这既涉及为人处世的方式，也涉及对实践过程的理解。从为人处世的方式这一角度看，老

① 论语·宪问.

子在此肯定与人交往、应对事物时，应当以慎重之心来对待。与人打交道，不宜轻易做出承诺，随意的许诺常常难以兑现；与物打交道时，则不能将对象看得太简单，因为这容易陷于困难。从实践的角度来看，以上理解又基于确认事物发展的过程性：对老子而言，事物都处于演化的过程之中，如果在其隐而未显时不予以注意，那么，等到它发展起来以后，就会难以驾驭、无法应对。因此，需要特别慎重地对待事物的开端。一开始以比较慎重的态度对待事物，充分地估计困难之所在，在实践过程中便可以处于比较顺利的境地，这也就是所谓“是以圣人犹难之，故终无难矣”。

本章一开始时以“为无为”具体阐述老子所理解的“无为”。作为一种特定的“为”，“为无为”的根本含义是尊重存在自身的法则，不以人的目的强加于对象，或者说，始终将合法则性放在合目的性之前。引申而言，这里既以避免刻意地功利追求为指向，也包含了以慎重之心处世的行为取向，后者又以事物由细而巨、由隐而显的演化过程为其形而上的根据。事物的以上演化表现为一个自然的过程，与之相联系，以慎重之心处世同时体现了“为无为”所蕴含的尊重自然法则的要求。

第六十四章

原文：

其安易持，其未兆易谋，其脆易泮，其微易散。为之于未有，治之于未乱。合抱之木，生于毫末；九层之台，起于累土；千里之行，始于足下。为者败之，执者失之。是以圣人无为，故无败；无执，故无失。民之从事，常于几成而败之。慎终如始，则无败事。是以圣人欲不欲，不贵难得之货。学不学，复众人之所过。以辅万物之自然，而不敢为。

释义：

本章内容与前一章具有相关性，事物的初始状态依然成为关注之点。对老子而言，当事物处于稳定而未变化之时，便容易保持原有状态；当其发展趋向尚未充分显现时，便容易应对；当其比较羸弱时，便易于化解[①]；当其比较微小时，便容易消散。从人的行事过程看，在现象尚未发生时，就应行动；在社会还没有陷于无序（乱）的状态时，就需开始治理，此即所谓“为之于未有，治之于未乱”。从政治领域看，对治乱关系的以上理解同时表明，政治治理应防患于未然，在乱的迹象没有显现之前，就需要将可能的消极发展后果加以遏制。这与前面提到的“深根固柢”观念前后一致：关注本原、开端，构成了考察实践对象，展开实践活动的基本要求。以开端为出发点，也就是从自然的角度去看待事物。以自然观之，便需要关注万物的初始形态。

后面进一步从普遍的层面考察事物的演化过程。从日常经验中，可以观察到大树是从微小的树种慢慢地发展起来，高台则是一层一层逐渐地累积而成，同样，人的行走过程也是如此，千里之行，开始于脚下的第一步。无论是自然界还是社会领域，对象和人自身的活动都表现为一种演化过程。对老子而言，这种演化过程并没有人的有意参与，而是具有自然的性质。由以上的自然演化，老子引出了有意为之将趋于失败；有意执着，将导致差失，所谓“为者败之，执者失之”，便指出了这一点。

① “其脆易泮”，郭店楚简《老子》残简作“其脆也，易判也”。“判”的含义之一是分离，依此，则此句蕴含物脆则易分之义。

与通常的有意为之相对，圣人注重“为无为”，亦即以无为而为之，这样便无失利的问题；同样，圣人非执着于某种人为目的，因而也不会有差失：“是以圣人无为，故无败；无执，故无失。”从对象来说，“其安易持，其未兆易谋”与“合抱之木，生于毫末”的观念相结合，便意味着通过注重对象的开端、源头，了解其演化过程，以控制相关对象。从人的角度来看，“有所为”则是仅仅从自身的功利性目的出发，试图以此强加于对象，而如此行事，则必然会导致失败。这两种现象，并非毫无关联：老子所说的“为”，主要指以合目的性压倒合法则性的作为，这种“为”归根到底又起源于人的欲望，“欲”之成为“有为”的根源，与人所具有的动机、目的相关，人的欲望、目的一旦片面强化，往往便会偏离自然本身的法则，在此意义上，“有欲”构成了人之“有为”的源头。作为行为之源，这种欲望和动机，如同事物演化的开端和萌芽。从逻辑关系来说，与关注萌芽或未发状态以控制对象一致，从行为的源头处入手，需要以控制人的欲望为开端：既然人之所以有所为的根源在于人有欲望的冲动，则行为的引导，也以抑制“有为之欲”为前提。

从行为过程来看，实践过程成功与否，与是否正确把握事物及行为的初始状态相关，“民之从事，常于几成而败之”，这里的“几”即将成而未成。在行为过程中，经常会面临这些特殊的环节，对老子来说，如果像注重开端一样注重行为的整个过程，则所从事的活动就会成功。在把初始状态或开端放在一个重要的位置，同时又要求自始至终，在整个过程中前后一贯地保持慎重状态，如此，则将处于成功之境，所谓“慎终如始，则无败事”，便强调了这一点。

后面“是以圣人欲不欲”，等等，看似与以上所说并无直接的联系，但从前面的分析来看，仍不难注意到其内在的关联。“欲不欲”与第六十三章的“为无为”和“味无味”相近，表现为以“不欲”或“无欲”为欲，也就是从源头处入手，从根本处消除可能导致消极后果的行为。“不贵难得之货”在第三章中已提及，在该章，主要侧重于消除偷盗，所谓“不贵难得之货，使民不为盗”，便表明了这一点。本章的“不贵难得之货”则主要与“欲不欲”相联系：“贵难得之货”所导致的是对财富的欲望和追求，正因为社会上有各种财富，而财富又被赋予不同的价值，由此激发了追求财富的欲望，“不贵难得之货”所指向的，是从根源上消除这种追求财富的欲望。

“学不学”中的“不学”，是不以世俗之知为对象，而非忘却智慧。总起来，“学不学”即以拒斥世俗之知为“学”的内容。前一意义上的“学”与“为道日损”中的“为道”过程相一致，而与世俗之维的“为学”相对。在老子看来，通过“学不学”而把握道的智慧，便可以拨乱反正，回复到一般人所偏离的正道。这一过程同时表现为“辅万物之自然，而不敢为”。

“辅万物之自然”更多地表现为行为的合法则性，“而不敢为”中的“为”，则与合目的性相涉，在此意义上，“辅万物之自然，而不敢为”意味着以合法则性为首要的关注对象，避免以合目的性压倒合法则性，这一看法与“为无为”前后一致，而合乎法则的观念，则同时体现了对自然的尊重。

第六十五章

原文：

古之善为道者，非以明民，将以愚之。民之难治，以其智多。故以智治国，国之贼；不以智治国，国之福。知此两者，亦稽式。常知稽式，是谓玄德。玄德深矣，远矣，与物反矣，然后乃至大顺。

释义：

治国过程涉及统治者与民众之间的关系问题。在老子看来，对待民众不能运用世俗的机巧。“明”在不同的上下文中被赋予的含义不完全一样，这里的“明”更多地与“为学”领域里的“学”相涉，表现为世俗的机巧，其特点在于疏离“为无为”的自然原则。与之相对的“愚”不同于愚昧，而是首先指合乎自然的纯朴存在状态①，并在某种意义上与“大智若愚”之“愚”有相通之处②。治国离不开治民，从总体上看，作为治国具体内容的治民，其基本要求是让民众消除世俗的机巧，引导其向淳朴方向发展，这也就是所谓“非以明民，将以愚之”的实际所指。

何以需要如此？老子在后面分析了其根源：民众所以难治，是因为其具有多样之“智”，这里的“智”与前面的“明”相关，主要指世俗机巧，其运用常常导向狡猾、奸诈，等等。所谓以“智”治国，既意味着引导民众向世俗的机巧的方向发展，也表现为统治者自以为是，运用他自己所掌握的这类世俗的机巧治理国家。与之相对的“不以智治国”，则表现为拒绝世俗机巧，以“为无为”“事无事”的自然方式治理国家。在老子看来，前者显然不是恰当的治国方式，唯有后者才是治国的正途，所谓“故以智治国，国之贼；不以智治国，国之福”，便表明了这一点③。

懂得了以上分别，便可掌握治国的范式，由此进一步达到

---

① 王弼：“愚，谓无知守真，顺自然也。”（王弼. 老子道德经注：第六十五章//王弼集校释. 北京：中华书局，1980：168）

② 河上公将“愚之”解释为：“以道德教民，使质朴不诈伪。”（王卡. 老子道德经河上公章句. 北京：中华书局，1993：254）这一看法也多少有见于此。

③ “国之福”，帛书乙本作“国之德”，“福”与“德”虽有侧重社会结果与道德原则的不同，但在呈现正面的价值意义这一点上，彼此相通。

“玄德”。“玄”含有深厚、深层之义，“玄德”可以视为深层的智慧。与世俗的机巧不同，这种深层的智慧虽然看上去似乎深不可测，但说到底，也就是一种回归自然的智慧，“与物反矣”，便意味着回到自然或本真状态，深远的智慧（“玄德”）最后即落实于合乎自然的存在形态。在政治领域中，这种智慧便表现为以合乎自然为政治实践的原则，对老子而言，做到以上方面，便可以走向顺达之境，此即“乃至大顺”。

可以看到，老子在两重意义上对世俗机巧做了否定：从被治理者（民众）的角度看，应该让其处于淳朴之境，避免接受“为学”层面的“知”，更多地领略“道”的智慧；从治理者来说，则应当以回归自然为政治实践的最高原则。老子一方面突出“玄德”（智慧）的深层性，另一方面又将这种“玄德”（智慧）与合乎自然结合起来，由此指向深厚的政治智慧。这里不难注意到老子哲学的多重性：当他关注于如何处世时，“术”的方面常常会比较凸显；当他将目光投向自然本身时，世俗之知则成为扬弃的对象，后者同时意味着由“术”而走向“道”的智慧。

第六十六章

原文：

江海所以能为百谷王者，以其善下之，故能为百谷王。是以欲上民，必以言下之；欲先民，必以身后之。是以圣人处上而民不重，处前而民不害，是以天下乐推而不厌。以其不争，故天下莫能与之争。

释义：

本章首先提出了“善下”的问题。善下与甘居柔弱处于同一序列，前文多次出现的婴儿之喻、水之喻，都体现了类似的取向。这里又一次以江海为喻，江海之为大，是因为它能够容纳百川，“谷”即山中之水汇流之处，众水由此汇入百川。以江海的谦下能容为前提，这一原则与前面第六十一章中所提到的“大国者下流”内含的观念前后一致。

后面从自然之域转到了社会领域。按老子之见，社会的治理过程需要像江海那样，体现“善下”的品格。首先应礼贤下士，以谦下平易之语来言说，如此才能得到民众的尊重，这也就是“欲上民，必以言下之”。“在民之先”，表现为引领民众，“在民之后”则是在行为过程或利益关系上处于民众之后。通过以“在民之后”以达到“在民之先”，不同于咄咄逼人的进取活动，而是表现为“以退为进”。总体上，在对待民众的态度上，需要体现礼贤下士的谦下原则，在行为过程或利益关系方面，则表现为“以后为先”，后者不同于以争先的方式与民众相处。正因如此，故统治者虽居于民之上，而民并不觉得是负担；虽处于民之前，民众也不以此为障碍；这样的统治者，天下之人都乐于拥戴而不会感到厌倦，所谓“是以圣人处上而民不重，处前而民不害，是以天下乐推而不厌”，便可以视为对以上方面的概述。

上述治理方式中最为核心的方面是“不争”。一般而言，在社会领域，只要有差异，必然会出现不同形式的利益区分，利益之间的这种不一致如果不加以控制调节，便容易导致彼此之间的相互争夺。可以看到，相争的根源在于利益的差异，只要利益的差异存在，相争总会不断地出现。老子也注意到了这一事实，只要社会存在，社会成员之间就总会有差异，其间的利益也不会完全一致，从而，相争也很难避免。然而，圣人治理的基本原则却是“不争”，正是以“不争”为原则，故天下无人能与之相争：“以其不争，故天下莫能与之争。”在第二十二章中老子已指出，“夫唯不争，故天下莫能与之争”，以上看法，与之前后一致。如何对待人与人之间的相“争”？老子的基本看法是“以不争为争”。对老子来说，“争”是一种直接的功利追求，只有超越了这种功利追求，才能得到人希望得到的结果。这一理解既以“为无为”为前提，又基于以退为进的观念，它与前面所论的“柔弱胜刚强”前后呼应。从更为本原的方面看，以上原则又以形上之“道”为其依据。本章一开始，老子将江海的“善下”品格提了出来，初看，这与“不争”似乎没有什么直接的联系，然而，其间事实上存在着内在的关联。江海能容百川以成其大，与前面提到的“道”涵盖万有而成为事物的本原具有一致性：从终极的层面看，“道”为万物之本，同时又涵盖万有；江海之容纳万川，从一个方面体现了“道”的品格。“道”的普遍涵盖性与江海的“善下”品格体现于社会领域中，便化为“不争”的“在”世原则。江海甘居山谷百川之下，最后却能够容纳万川，同样，人处于谦下的地位并以“不争”的宽容之心来对待他人，也可以使天下无人可与之相争。

第六十七章

原文：

天下皆谓我道大，似不肖。夫唯大，故似不肖。若肖，久矣其细也夫。我有三宝，持而保之。一曰慈，二曰俭，三曰不敢为天下先。慈，故能勇；俭，故能广；不敢为天下先，故能成器长。今舍慈且勇，舍俭且广，舍后且先，死矣！夫慈，以战则胜，以守则固，天将救之，以慈卫之。

释义：

从外在的方面看，“天下皆谓我道大”之“大”有空间上的广大、宽泛之义。但就更为内在的哲学的层面而言，这里主要指出了“道”所具有的普遍性品格：“肖”表现为与具体对象的相似性，“道”作为存在的普遍根据，超越于具体事物和具体现象，从而不能将其与具体事物等量齐观。一旦将“道”视为类似特定时空中的具体事物，那么，它便会趋向于“微细”，失去它的普遍涵盖性。

以上侧重于形而上之维，下面则关注于如何在世的具体原则。老子在此具体提到了三点，分别是：慈、俭、不敢为天下先。“慈”既与仁爱、慈爱相联系，又关乎前面一再提到的“宽容”品格。引申而言，“慈”意味着以仁爱的原则对待事物和人，这也是前述道的普遍性规定的具体体现。“俭”与第五十九章中提到的“啬”有相通之处，“啬”“俭”都有收敛之义。从哲学的层面看，其要义在于守住根本，深根固柢。“慈”主要表现为个体面向社会、关怀他人，其中体现了普遍性的原则，比较而言，“俭”首先针对自我，它所指向的，主要是守住自身的本原性规定。“不敢为天下先”体现了前面一再提到的“不争”“无为”等原则。“先”相对于“后”而言，争先而恐后，体现的是人与人之间的相争，“不敢为天下先”则趋向于超越这种彼此争斗的存在形态。

作为“在”世的具体方式，慈、俭、不敢为天下先隐含着不同的功能。“慈，故能勇”表明，具有了慈爱的品质也就能勇敢；“俭，故能广”指向如下事实，如果能守住根本、深根固柢，那么，也就能形成更大的发展空间；“不敢为天下先，故能成器长”则意味着，正由于不以咄咄逼人的方式与人相处，故能成为他人的领导者。前面主要从正面或积极的方面分析“慈”“俭”“不敢为天下先”。从反面看，“舍慈且勇”，也就是疏离宽容、仁爱的原则，单纯地追求“勇”的品格，如此则容易导向情感的冲动，甚至形成暴力的倾向；“舍俭且广”，表现为离开了俭而求广大，其结果便是失去基础和根据，引向无本之木、无源之水，这种广大显然难以持久；“舍后且先”，则是放弃了“不敢为天下先”的不争原则，由此达到的“先”，必然会造成人与人之间的紧张和争斗。要而言之，无慈之勇、无俭之广和无后之先，最终将导致否定性的结果，所谓“死矣”，即强调了这一点。

最后，老子又对“慈”做了进一步的引申，表明老子对“慈”给予了特别的关注，这与一开始所强调“道”的无所不包的涵盖性前后呼应。“慈”作为仁爱的原则，不限定于具体对象，其中隐含了“道”所具有的普遍性品格：“道”的根本特点之一，便是不限定于具体的时空之中，而是涵盖万有。本章最终回到“慈”的问题上，是因为“慈”体现了“道”的这种普遍涵盖性。在老子看来，若能在军事活动中坚持这一原则，则将“以战则胜，以守则固”，这里内在地蕴含着慈者无敌的观念。引申而言，对人的自然救助，也需要以“慈”的方式进行，“天将救之，以慈卫之”。这里的“天”与自然的含义一致，从自然之道出发救助人与以慈爱的原则维护人，在普遍性这一点上彼此相通。

从某种意义上说，这里所说的“慈”与儒家主张的“仁”呈现相通性。不过，就更内在的层面看，两者的出发点和着重点则并不相同。在儒家那里，“仁”更多地关乎宽泛意义上的“人道”之域；老子的“慈”则首先在形而上的层面体现了道的普遍涵盖性，其内在的侧重之点在于“天道”。对孔子来说，“仁”的原则源于亲子之间等人类最根本的人伦关系，所谓“孝悌”为仁之本，也体现了这一点，就此而言，其“仁”的原则植根于人伦和人性；老子的“慈”则源于“天道”的普遍涵盖性。以上两者的不同，相应于老子与孔子在基本的哲学立场上的差异。与以上区分相关，老子的“不敢为天下先”以顺乎自然为前提，其中固然突出了“不争”的观念，但同时也淡化了社会领域中的进取精神，后者与儒家所主张的“自强不息”似乎也形成了不同的趋向。朱熹曾认为：“老子之术，谦冲俭啬，全不肯役精神。”“老子之学只要退步柔伏，不与你争。”① 这一批评也涉及儒家与道家在价值取向上的不同。

① 朱熹．朱子全书：第十八册．上海：上海古籍出版社，2002：3898，3910．

第六十八章

原文：

善为士者不武，善战者不怒，善胜敌者不与，善用人者为之下。是谓不争之德，是谓用人之力，是谓配天，古之极。

释义：

这一章涉及老子对军事领域的看法。军事领域涉及多重方面，按老子的理解，善于统兵者，并不崇尚个人的勇武，其所长应更多地体现于韬略谋划。在那个时代，战争本来与武艺的较量相联系，但是对于领兵统军者来说，其目标并不是在这方面与人一争高下。同样，战争还涉及其他诸多方面的关系，包括情感宣泄，“怒”即属意气用事，完全为情感所左右，对老子而言，战争不能基于情感冲动，所谓“善战者不怒”。与之相联系，善于克敌制胜者，不以怒相争：“善胜敌者不与”①。不争（不与）的前提是“为之下”，后者具体体现于治军用人的过程中：“善用人者为之下。”其中的观念与第六十六章中提及的“善下”具有一致性。尽管这里涉及的是军事领域的活动，但在老子看来，这些领域中的人物不应该好勇斗狠，意气用事，因为这背离了前面的不争、柔弱胜刚强等原则。老子一再提到的这些原则适用于不同领域，政治领域受其制约，军事领域也不例外。从终极的意义看，社会领域中的“不争之德”“用人之力”体现了“天道”，所谓“是谓配天”，便肯定其体现了最高的天道原则。

可以看到，在老子那里，形而上的原则总是与形而下的实践领域相互沟通，老子不仅仅满足于对世界终极形态的思辨考察，或只是停留于形而上的关切，更是把形而上的观念运用于人类的不同实践领域，并由此将天道的原理化为人道的原则。

---

① 王弼：“与，争也。”（王弼．老子道德经注：第六十八章//王弼集校释．北京：中华书局，1980：172）

第六十九章

原文：

用兵有言，吾不敢为主而为客，不敢进寸而退尺。是谓行无行，攘无臂，扔无敌，执无兵。祸莫大于轻敌，轻敌几丧吾宝。故抗兵相加，哀者胜矣。

释义：

与前一章相关，本章所论为用兵之道。虽然老子总体上持非战的立场，但是在当时的历史条件下，战争往往难以避免，对老子而言，在不得已而应战时，需要有具体的用兵策略。

首先是“吾不敢为主而为客”。从军事上说，“主”主要指主动进攻的一方，其特点在于先发制人；“客”则是坚守的一方，其特点表现为后发制人。所谓“不敢为主而为客”所强调的，是后发制人的用兵策略。与此相联系，“不敢进寸而退尺”，一方面表明，在前进时保持谨慎，而在撤退时则没有任何犹豫；另一方面则意味着，不以攻势为主，而是以退为进。后面从更为一般的角度对此加以讨论。“行无行”与“为无为”和“事无事”相通，“为无为”并不是无所作为，而是所为基于自然法则；同样，“行无行”也意味着充分遵循军事活动的法则，以“无为”和“道法自然”为这一领域行动的原则。在军事领域，“行无行”具体表现为用兵时应变幻莫测，奇而不正，讲求出奇制胜：“正”通常指合乎一般的程式，“奇”则有别于通常的程序、规范。这一意义上的“行无行”可以说从总的方面强调军事活动应超越常规，避免按部就班。后面“攘无臂，扔无敌，执无兵”也与之类似，振臂如同无臂，投掷仿佛无敌，双手紧握却似乎没有兵器。如同无臂的振臂，力量最大；仿佛无敌的投掷，所向无敌；似乎没有兵器的坚执，最为有力。在老子看来，行军布阵与士兵的具体行动是完全一致的。

后面特别提到了“轻敌”的问题。对老子而言，在军事活动中最为忌讳的是轻敌。轻敌的前提是自以为强，以傲慢的态度临敌，将敌方视为软弱无能之辈。从老子一再提到的刚强与柔弱的关系看，轻敌表现为始终逞强傲人，最后则往往为柔弱者所败；就更广的意义而言，轻敌意味着好战和轻易用兵：自以为实力强大，穷兵黩武，动辄以武力威胁别国，这属广义的轻敌，其结果则是四面受敌，走向失败。“柔弱胜刚强”是老子所肯定的行为原则，轻敌则意味着抛弃这种老子视为法宝的原则，所谓“轻敌几丧吾宝”。与之相关的是所谓“哀兵”的问题，成语中的“哀兵必胜”，即源出于此。“哀”在这里有采取低调弱势的态度之意思：当两军对战时，如果双方兵力不相上下，则采取低调谨慎态度的一方往往获胜；相反，一开始就以强势的状态出现，则将导致前面所说的轻敌，结果将是遭到失败。这种观念与老子前面一再提到的“柔弱胜刚强”的思想相联系，可以视为这种原则在军事斗争中的具体运用。

第七十章

原文：

吾言甚易知，甚易行，天下莫能知，莫能行。言有宗，事有君。夫唯无知，是以不我知。知我者希，则我者贵，是以圣人被褐怀玉。

释义：

本章主要反映了老子思想的时代遭遇。在老子看来，尽管自己一再提倡的原则和思想都简单明了，也容易践行，但在他那个时代，却无人能真正理解其思想，也无人能将其付诸实践。何以出现这种现象？老子在后面做了理论上的解释。“言有宗”中的“言”，不限于某一句话，而是可以宽泛地理解为一套学说或思想。每一种学说都有其内在宗旨，或者说，真正具有创造力的思想家都有自己核心的观念，“宗”即是这种核心的观念，老子的相关思想也都围绕其核心思想而展开。如果不能理解某一思想中的核心观念，那么，对这一思想也就难以完全把握。所谓“夫唯无知，是以不我知”，便强调了这一点。这就如同做事处事，总有一定的行动要领，唯有得其要领，才能完成相关之事。后面老子感叹“知我者希”，即懂得他的人甚少。在他看来，如能效法他，则可提升存在价值，所谓“则我者贵”，便指出了这一点①。下面又提到了圣人在世的一般形态：圣人在外表上，包括其言论，并没有华美的形式，但是其思想观念却真切地包含着具有价值的观念。“圣人被褐怀玉”中的“玉”，即隐喻着真理性观念。

以上所述，可以视为作者对自己的思想主张得不到应有重视的一种感慨。对老子而言，自己虽已达到真理和认识，但在当时却很难找到真正的知音，这一现象表明，真正理解自己的人很难找到。在某种意义上，这也是具有创造力的思想家普遍容易遭到的境遇。就此而言，老子的感慨，也表达了一种普遍的无奈。

---

① 释德清：则，“言取法也”（释德清．道德经解：第七十章．上海：华东师范大学出版社，2009：136）。

第七十一章

原文：

知不知，上；不知知，病。夫唯病病，是以不病。圣人不病，以其病病，是以不病。

释义：

从王弼开始，本章即以此为断。一些研究者认为以上语句有重复之处，但参照帛书《老子》，可以注意到，其表述与之大体一致①，这一事实表明，王弼以来的文本并不存在错乱之处。

从讨论的具体问题看，这里首先涉及“知”与“无知”的

① 此句帛书《老子》甲本和乙本缺“夫唯病病，是以不病”，但乙本有“以其病病也，是以不病”，其中的实质含义与王弼本一致。

关系，“知不知”，即知道自己处于无知的状态（“知道”自己“不知道”），在老子看来，这是认识的最高境界，所谓“知不知，上”，即肯定了这一点。“不知知”则与之相反，虽然实际上处于无知状态，却以为已经达到了知，这是一种有缺陷的认识状态，所谓“不知知，病”，即强调了以上方面。唯有清醒地意识以无知为知是一种认识上的缺陷（病），才能避免犯同类过失，这也就是所谓“夫唯病病，是以不病”。理想的人格（圣人）之所以能够避免认识上的缺陷，主要就在于他能形成以上认识，亦即在观念上保持清醒的态度，始终不以自己的无知为知，此即所谓“圣人不病，以其病病”。

从先秦思想的演化看，在孔子那里，也可以看到类似的表述：“知之为知之，不知为不知，是知也。”① 这里同样涉及“知”与“无知”的关系，其中的主要含义是：知道自己处于知的状态，就如实肯定；知道自己处于无知的状态，也同样如实加以承认，这本身也是“知”。这里的重要之点，在于以自知无知为知，后者表现为知与无知的统一。从认识的过程来看，这里关乎认识的出发点问题，即“知”从那里开始，孔子以自知无知为知，意味着以知与无知的统一为认识的出发点。从认识论的角度看，知与无知的统一具体表现为问题的发生：完全处于无知状态，不会形成问题，完全处于有知状态，也不会产生

① 论语·为政.

问题，唯有自知无知，才会发生认识论意义上的问题。对孔子而言，认识即发端于这一意义上的问题。较之孔子将知与无知的统一以及与之相关的问题主要跟对象性的认识联系起来，老子更多地指向自我之知，也就是把知与不知主要理解为关于自己是否有知的意识。

从另一方面看，知与不知同时涉及两个问题。其一，“真诚性要求”，它旨在避免明知自己不知，却要装作自己知道的情形；其二，“正确性要求”，在有些情况下，个体会因为对问题缺乏真实的认识，误将实际的无知认作有知，“正确性要求”指向更为确切地把握知与无知的界限。老子把真切地知道自己是否有知，看作圣人与一般人的区别之一，说明真正认识自己并不容易。以上方面进一步凸显了老子与孔子的不同侧重点：孔子将知与无知的统一以及与之相关的问题作为认识的开端，老子则突出了自我认知的困难性和重要性，两者体现了相异的哲学取向。

第七十二章

原文：

民不畏威，则大威至。无狎其所居，无厌其所生。夫唯不厌，是以不厌。是以圣人自知，不自见；自爱，不自贵。故去彼取此。

释义：

本章又回到了政治领域。总体而言，老子对使用暴力压制民众的方式持批评态度。“民不畏威，则大威至”中前一个“威”，表示权威、高压，后一个“威”，则表示可怕，当民众不再畏惧权威、高压时，那么真正可怕的事就来临了。历史地看，如果以暴力的方式把民众推到无法容忍之境，那么民众往往就会铤而走险。也就是说，暴力原则一旦过度，便会失去威慑的作用，并走向其反面。

后面提到了具体的民生问题。首先是不能让民众无安身之所，“无狎其所居”，即涉及这一点。广而言之，统治者的所作所为，不能妨碍民众的生计，导致民不聊生，此即“无厌其所生”之所指。只有给民众以活路，才能使统治者自身比较安稳，所谓“夫唯不厌，是以不厌”，便指出了这一辩证关系。这样，联系前文，政治上避免高压的方式，经济上给民众以生存空间，构成了相互关联的两个方面。

其后，老子又对统治者的品格进行了规定。“自知，不自见”中的“见”，意为“现”，“自知”亦即前一章所提及的，对自身有知或无知有清醒的认识，全句的含义是：有自知之明，但却并不自我彰显。凸显自身，常常意味着把自己权威化，“不自见”，则意味着避免这一趋向。“自爱，不自贵”蕴含了同样的意思：“自爱”即自我尊重、自我珍惜，但这不意味着统治者自身形成优越感，所谓“不自贵”，也就是避免由“自爱”而引发自我的优越感。君主的自我张扬、自视过高（突出自身的优越性），往往构成了自上而下压制民众的根源，要避免这种情况，君主自身便需要有一个适当的定位，既应认识自己、尊重自己，又不能由此而趋向自我的权威化或形成自我的优越感。在老子看来，统治方式的选择和君主自身的定位，具有重要的关联：君主自身如何定位，关乎君主自身的品格，后者制约着以何种方式治理民众。

第七十三章

原文：

勇于敢则杀，勇于不敢则活。此两者，或利或害。天之所恶，孰知其故？是以圣人犹难之。天之道，不争而善胜，不言而善应，不召而自来，繟然而善谋。天网恢恢，疏而不失。

释义：

本章首先涉及对行为的理解。“勇”本有“无畏”之义，但是如果“勇”一味地向着“敢”这种形态发展，则容易由自我逞强而转向盲动之举。后者一方面偏离了老子一再肯定的柔弱原则，导致“物壮则老”；另一方面又完全无视自然本身的法则，表现为意志的冲动，两者都呈现否定性的意义，所谓“勇于敢则杀”便指出了这一点。与之相对，如果在具有无畏精神的同时，又避免盲动冲动，那么就可以得到生存，此即所谓“勇于不敢则活”。这里的利害关系很清楚，其中的道理也容易理解，重要的是实践中的合理选择。

以上现象之后更为根本的原则，是“天之道”。作为普遍的存在法则，天道首先表现为“不争而善胜”。“不争”是老子反复倡导的原则，通过“不争”而取胜，也构成了他所主张的基本行为方式。与拒斥“争”相关的是疏离“言”，对老子而言，人与人之间的交往和应对，并不一定以言的方式展开，所谓“不言而善应”，便体现了这一点。宽泛而言，以“不言”的方式展开的互动（“应”）具有多重形式，包括交流中的默会、行为中的默契等等，其共同的特点在于超越有意为之。与“繟然而善谋”彼此呼应的是“不召而自来”，“不召”即非有意安排，“自来”则侧重于自然发生。“繟然而善谋”中的“繟然”，有舒展自然之义①，“繟然而善谋”意味着自然而谋，非刻意筹划。合乎自然，也就是合乎天道，以合乎自然的方式达到一定的目标（善胜、善应、善谋），即体现了老子所说的“天之道”。

本章最后提到了“天网恢恢，疏而不失”。“恢恢”包含了普遍涵盖之义，以此形容“天网”，主要突出了其与“道”的一

① 释德清：繟，“舒缓也”（释德清. 道德经解：第七十三章. 上海：华东师范大学出版社，2009：139）。又，“繟然”，严遵在《老子指归》中作“坦然”（严遵. 老子指归. 北京：中华书局，1994：101）。此处之“坦然”，有舒展自然之义。

致性：在普遍涵盖性这一方面，“天网”与“道”相通。“疏”表明存在形态中包含某种偶然性，也就是说，个体在发展变化的过程中可能受到偶然因素的影响，一般的法则并不会把所有对象或对象的一切方面都加以涵盖。就人而言，其存在和发展便包含多重可能，而非一开始便被限定，如果一切都预先被规定，也就不存在“疏”的问题。从哲学的层面看，这里的“疏”既为可能留下了空间，也为偶然性提供了依据，两者同时构成了自主选择的前提。正是由于存在过程包含可能的空间，人的作用便显得十分重要。人既必须尊重自然法则，同时又要注重自身的选择，前面“勇于敢则杀，勇于不敢则活”，便包含了对“勇于敢”和“勇于不敢”这两种不同可能的选择。当然，“天网恢恢，疏而不失”，一方面，“道”的普遍涵盖性并不是把世间万有都预先命定，其中包含对世界之中存在各种可能性、偶然性的肯定；另一方面，“道”所具有的普遍涵盖性，又构成了主导和决定的方面，所谓“疏而不失”便肯定了这一点。

第七十四章

原文：

民不畏死，奈何以死惧之！若使民常畏死，而为奇者，吾得执而杀之，孰敢？常有司杀者杀，夫代司杀者杀，是谓代大匠斫。夫代大匠斫者，希有不伤其手矣。

释义：

从逻辑上看，用“死”威胁“民”，以“民”本身有畏死之心为前提，“畏死之心”首先包含对自己生命的珍惜，如果用严刑峻法把民逼上绝路，那么，民便会铤而走险，不再珍惜自己的生命，这样，以死对其加以威吓也不会有作用，所谓“民不畏死，奈何以死惧之”，便表明了这一点。与崇尚自然的价值原则相一致，对老子来说，生命是一个自然的过程，珍惜生命也就是尊重自然；以暴力的统治方式使民不再珍惜自己的生命，则意味着背离自然之道。从统治者的角度看，如果能够使民保持畏死之心，则其中与众不同者（不畏死的反叛者，亦即所谓“奇者”），便可“执而杀之”，这样一来，谁还敢反叛？让一般民众保持畏死之心的前提，是避免过于高压，给民众提供生存空间，使之不至于因走投无路铤而走险。在此，老子将合乎自然与统治方式结合起来，同时也对仅仅使用暴力的统治方式提出了告诫。

在社会领域，司法机关中有专门的部门负责处死罪犯或执行死刑，所谓“常有司杀者杀”，便包含此意。老子同时将“生”和“死”、生命的给予、生命的维护都看作自然而然的过程，与之相对，后面所谓“代司杀者杀”，则指人为地中断作为自然过程的生命延续，以政治领域中人为的政策法令，使民众以非自然的方式走向生命的终结，在老子看来，这是不合乎“道”的现象。这里的“代司杀”也就是代天道去终结人的生命。对老子而言，社会领域中的各种各样的严刑峻法，往往背离了生死的自然之道，以人为的方式终结人的自然生命。如此行事的结果，是统治者自身反受其咎。替天道终结人的自然生命，如同代大匠砍木，“夫代大匠斫者，希有不伤其手矣”。在这里，老子的自然原则和政治哲学的观念相互关联：从自然原则看，生命是由天道所决定的自然过程；从政治哲学看，与前述让民众保持畏死之心的思想一致，统治者不应以人为的暴政干预民众的生活，同时避免将民众逼上难以维护自然生命的境地。

以上观念也包含着对暴政的否定。历史地看，儒家和道家都批评暴政，但两者的出发点有所不同。在儒家那里，对“霸道”等形式的暴政的抨击，以仁道或仁政原则为前提。比较而言，老子拒斥暴政则基于其自然或天道的原则。对老子而言，一切严刑峻法都违背了自然之道，“代司杀”试图代替天道去干预生命的自然过程，从而完全背离了自然的法则。通过强调暴政的根本问题在于破坏了自然之道，老子在某种意义上把政治哲学与天道层面的本体论沟通起来了。

第七十五章

原文：

民之饥，以其上食税之多，是以饥。民之难治，以其上之有为，是以难治。民之轻死，以其求生之厚，是以轻死。夫唯无以生为者，是贤于贵生。

释义：

本章的考察，同样涉及社会政治、经济的领域。首先，从经济上说，老子认为民众之所以面临饥馑，主要是由于统治者的过度征税，后者实际上是对民众的变相掠夺；民众的忍饥挨饿，主要便导源于统治者在经济上的这种掠夺。后面“民之难治”则由经济领域转向政治领域。民众之所以难以治理，主要问题在于统治者的过度有为。政治上的过度有为与前面经济上的过度掠夺，具有彼此呼应的关联。政治领域“有为”，表现为以严刑峻法、繁复的政令干预民众的生活，这种所谓“有为”，本身也具有引导作用：当统治者设计各种各样的方案，追求刻意而为之时，一般的民众也会群起而效之，以各种方式应对治理过程。相反，如果统治者去除政治机巧，以“无为”的方式治理，那么民众也会变得比较淳朴。民众所形成的各种应对之策，与统治者本身追求各种权术、机巧相关。

后面再次涉及生命的理解。“民之轻死，以其上求生之厚”，王弼本阙“上”字，傅奕本则有“上”，从前后的逻辑关系和本章的表达方式来看，傅本更合乎文义：前文“民之饥，以其上食税之多”“民之难治，以其上之有为”，这些表述中均有“上”。就社会领域而言，以上观点与前一章关于“民不畏死”的论述相互呼应：“民不畏死”，是统治者的暴政所造成的，这种暴政将民众推向了不懂得珍惜自己生命的绝境；“民之轻死”则导源于统治者本身的作为，这种作为在此具体表现为“求生之厚”。此处的“求生之厚”具有两重含义：其一，与前述过度掠夺相联系，表现为统治者为自身的优裕生活而对民众横征暴敛，如此作为的结果，是将一般的民众推向绝境，导致民众的轻生。其二，刻意追求养生，忽视对生命主体本身的维护，统治者过度追求“长生久视”，民众常常起而效法，结果却因刻意而为、背离自然而走向生命维护的反面（轻死）。

避免以上趋向，同样关乎两个方面。一个明智的统治者，不能对民众在经济上过度剥夺、政治上过度压制，这样便既可以使自己处于安全之境，也能给予民众以生存空间。同时，也应避免外在的刻意求生，以致忽视生命主体本身。这里关乎“生命”理解过程中的辩证法：不刻意地去求生、不在经济上过度掠夺，意味着合乎自然之道，如此，则反而能使生命存在得到维护。在这里，作为本原的方面，合乎自然之道较之外在的求生，具有更内在的价值，这也就是所谓“夫唯无以生为者，是贤于贵生”。以上所述既包含着社会批判的意向，也体现了对生命现象的辩证理解。

第七十六章

原文：

人之生也柔弱，其死也坚强。万物草木之生也柔脆，其死也枯槁。故坚强者死之徒，柔弱者生之徒。是以兵强则不胜，木强则兵。强大处下，柔弱处上。

释义：

老子在本章再次提到了“柔弱”与“刚强”（坚强）之间的关系，“柔弱胜刚强”是老子反复强调的基本观念之一。老子在这里首先引用经验事实，“人之生也柔弱，其死也坚强”，人作为有生命的存在，其身体很柔软，死了以后，就变得比较僵硬。

这样，“生”与“柔弱”联系在一起，“死”则表现为“僵硬”。草木也是如此，在有生命之时，其枝叶都比较柔弱，一旦失去生命，就变得干枯了。从以上经验现象中，老子进一步做了概括和提升，“坚强者死之徒，柔弱者生之徒”，生物处于生与处于死时，具有不同的特征。对经验领域中的以上概括，已不限于经验现象的总结，而是提升到了价值意义上的普遍原则这一层面。从社会生活到个体行为，“柔弱胜刚强”都被视为基本的准则。始终处于柔弱的状态、避免走向强势，则构成了普遍的价值要求。

本章的后半部分，老子进而提到了军事领域和经验领域中的一些现象。从军事领域来看，军队一旦到了强盛的时期，往往会走向自身的反面。“木强则兵”中的“兵”，有灾祸之义[①]，木一旦成材，往往受到摧折而被人根据需要用于不同之处，从而失去其本来之状。对木来说，这无疑是一种灾难，后来庄子多次提到，树木常因其有用而被毁损[②]。这种灾难是外物所强

---

① 《吕氏春秋·侈乐》：“若冰之于炎日，反以自兵。”高诱注：“兵，灾也。”又，奚侗在《老子集解》中据《列子》《文子》《淮南子》，将此句改作“木强则折”（奚侗．老子集解//老子注三种．合肥：黄山书社，2014：142）。这一表述似更直接明了，或可备考。

② 《庄子·人间世》中曾提及，荆地之乔木，能够为一手所握或两手合握者，常被人砍去做关猴子的栓栅；有三围四围大的，被砍去做屋栋；有七围八围大的，则被贵人富商之家砍去做棺木。结果，这些树往往中途夭折。庄子的结论是：“此材之患也。”与之相对的是无用的“散木”：“是不材之木也，无所可用，故能若是之寿。”“不材”在功能上近于“不强”，唯其如此，故能免于被毁之灾。

加，故王弼在“木强则兵”之后注曰：“物所加也。”① 从其内涵看，以上观念与第三十章中“物壮则老，是谓不道，不道早已”所表述的思想前后一致。当然，如同老子在其他地方谈到转化的现象一样，以上概括也多少表现出忽视转化条件的倾向：“兵强”以后往往“盛极而衰”，这固然在历史上不乏其例，但不能说，一旦“强”就必然走向灭亡。“强”盛容易“骄”，而“骄兵”每每失败，其中包含着多重前提、条件。同样，“木强”则容易为人取材，从而导致其毁损，但这种转化过程中也存在具体的条件。对这些前提、条件，老子似乎没有给予充分的关注。当然，从其自身的内在逻辑看，老子主要以此论证柔弱胜刚强。

“强大处下，柔弱处上”中的“强”与前面的“强”的含义有所不同，有生命恒久、真正意义的“强大”之意涵，王弼以“木之本也”② 加以解释，也侧重于其正面的意义。然而，这一视域中的“强大”，往往像水、婴儿一样，处于低下状态，相反，貌似强大、在外在表现形式上处于优势的上位者，则属于实质意义上的柔弱。从更广的角度来说，“强大”与“柔弱”的关系，内在地包含两重含义：从最终结果看，开始时的强大者最终总是走向反面，初起时的柔弱者则反过来总是处于更为优

---

① 王弼．老子道德经注：第七十六章∥王弼集校释．北京：中华书局，1980：185.

② 同①186.

势的地位；从发展趋向来说，柔弱者具有更为优势的地位，而“强大”者则处于一种劣势的地位。老子在此主要从“柔弱胜刚强”这一角度谈强弱关系，“强大处下，柔弱处上”着眼于发展的过程，最终的“强大”者，总是“善下”①。

① 参见本书第六十六章。

第七十七章

原文：

天之道，其犹张弓与！高者抑之，下者举之；有余者损之，不足者补之。天之道，损有余而补不足。人之道则不然，损不足以奉有余。孰能有余以奉天下？唯有道者。是以圣人为而不恃，功成而不处，其不欲见贤。

释义：

老子首先在肯定“天之道”的前提下，提出了如何达到均衡的问题。“天道”所体现的是某种均衡状态：不足的加以增补，多余的加以消除，所谓“有余者损之，不足者补之”。然而，这种均衡是通过合乎自然的调节而达到的，其过程犹如射箭，“高者抑之，下者举之”，由此达到适当的平衡。“人之道”则相反，剥夺贫者，补偿富者，亦即“损不足以奉有余”，由此加剧贫富不均。对“人之道”的以上批评，与前述老子的社会批判一致。在当时的历史条件下，贫富不均属广义的社会不均衡，对老子而言，理想的状况是通过减少有余者以补偿不足者，从不均衡回归自然均衡。达到这一目标的前提则是真正把握和领悟“道”，所谓“孰能有余以奉天下？唯有道者”，便暗示了这一点。

如何让社会在拥有的资源、财富方面达到平衡，是社会运行和治理过程中无法回避的问题。现代社会通过社会资源的再分配，以避免人们在资源占有方面过于两极化，也体现了这一现实要求。老子以“损有余而补不足”为达到社会均衡的“天之道”，无疑也提供了解决以上问题的思路。当然，对达到均衡的方式以及如何看待相关目标的实现等方面，老子又有自身的看法：“是以圣人为而不恃，功成而不处，其不欲见贤。”初看，这句话与前面所述似乎没有直接关系，但事实上并非如此。这里所说的“圣人”，可以视为上述“有道者”，亦即真正把握了“道”或对“道”有所体悟的人。在老子看来，只有这种“有道者”，才可能通过自身调节，回归自然的均衡。这一意义上的“得道者”的特点，在于一方面坚持达到自然的均衡，另一方面又不因此而据以为功，而是将其理解为自然而然的过程。在第二章、第十章、第五十一章中，老子反复提到了“为而不恃”，其要义在于强调人的所为，是一个“为无为”的自然过程，这里所表达的是相近的含义。从存在形态来看，社会均衡既是理想的目标，也是自然的题中应有之义；就人之所为而言，达到或回归社会的均衡也是一种自然的过程。两者从不同的方面体现了“天之道”。

这里对“天之道”与“人之道”的区分，无疑有其值得注意之点。作为存在的普遍原则，“天之道”同时表现为自然原则；“人之道”则指与统治者有意而为之的行为相关。在不同的语境中，“道”的含义可以有所不同。在宽泛的层面上，“天道”与“人道”分别表示普遍的宇宙法则与社会领域中的原则；就社会领域而言，“人道”本身则可以被赋予不同的意义：它既可以与“天道”相对而表示社会之域的存在法则，也可以指“有意而为之”的特定行为原则，所谓“损不足以奉有余”，即是后一意义上的“人之道”。对老子来说，在行为过程中，人应当选择的，首先是合乎自然意义上的“天之道”。

第七十八章

原文：

天下莫柔弱于水，而攻坚强者莫之能胜，其无以易之。弱之胜强，柔之胜刚，天下莫不知，莫能行。是以圣人云，受国之垢，是谓社稷主；受国不祥，是为天下王。正言若反。

释义：

本章又回到了老子反复提到的“柔弱胜刚强”这一观念。从日常经验看，水是最柔弱的，它甘居万物之下，没有自己的固定形态，柔然而变。然而，攻坚克强，又没有任何东西能够胜过它，因为没有其他之物可以改变其本性。这一观念可能与农耕时代的观察相关：从正面看，农业灌溉离不开水；就反面而言，洪水在那个时代是难以驾驭的力量。水既不可或缺，又无坚不摧，它没有固定的形态，随对象的变化而变化，体现了无为而无不为的品格。

由此，老子进一步做了普遍层面的概括："弱之胜强，柔之胜刚。"这一道理，尽人皆知：日常生活中的经验现象，无时不在告诉人们，"柔弱"往往胜于"刚强"。然而，知道其义是一回事，付诸实行则是另一回事。尽管人们可以从日常生活中明了以上道理，但这并不表明在实践中也依此而行。所谓"天下莫不知，莫能行"，便是由此而发。

"是以圣人云，受国之垢，是谓社稷主"，这里的"圣人"主要指君主，作为统治者，君主拥有各种权利和权力，包括政治上的优越地位，在老子看来，这种权利和权力与他所承担的责任和义务相一致。君主要成为"社稷主"（领导人物），首先必须"受国之垢"，即承担国家之辱。后者包含两重意义：从直接的方面看，这意味着忍辱负重；从更广的层面看，又表现为自觉承担社会责任。进一步，"受国不祥，是为天下王"，"受国不祥"，即承受国家的各种灾难，如此，才能真正成为"天下之王"，即最高的统治者。以上看法表明，在政治领域，统治者的政治权力和其政治责任应该一致。然而，这只是理想的状况，在现实生活中，君主往往放弃责任，仅仅关注权利和权力，从而导致政治责任与政治权利以及政治权力的两分。

最后，老子提到了“正言若反”。从字面意义来看，这一表述首先指外在的言辞与内在的含义之间往往不一致，正面的言辞在外在形式上常常呈现反面的意义，从而，语言的外在形式和实际内涵之间彼此相对。同时，在老子看来，语言具有灵活性，并非以凝固不变的形式存在，从老子到庄子，对语言的这种流变性、可转换性给予了相当的关注。以“柔弱胜刚强”而言，从表述的方式看，“柔弱”与“刚强”之间也具有这一类性质：“弱”和“强”、“柔”和“刚”本来似乎是两个彼此相对的方面，但在老子看来，两者又可互相转换，“柔”可以胜“刚”，亦即本来的弱者之位可以转换为强者之位。这里既涉及价值层面的转换，也关乎语言表述上的变动，价值观念与它的表达形式之间，具有相关性。引申而言，“正言若反”不仅展现了语言表达方面的辩证形式，而且也蕴含着价值之域的辩证观念。

第七十九章

原文：

和大怨，必有余怨，安可以为善？是以圣人执左契，而不责于人。有德司契，无德司彻。天道无亲，常与善人。

释义：

本章以社会生活为考察对象，并涉及其中的若干基本原则。“和大怨”旨在消解各种怨恨，这看上去似乎是一种不错的处世方式，然而，消解“怨”以“有怨”为前提，只有当怨恨业已存在，才会发生消解怨恨的问题。在老子看来，这还不是最理想的境界。此处的“怨恨”可以理解为社会成员之间的紧张、冲突、对抗，冲突和对抗一旦出现以后，就难以完全加以根除，所谓“必有余怨”，便表明了这一点。这种存在形态，显然不能被视为完美的状况。“安可以为善”，便是对此的质疑。以上看法蕴含如下观念：在老子看来，最为理想的社会形态便是“无怨”，亦即任何冲突、对抗都尚未发生的社会形态。

后面所述，关乎宽容的原则，其基本之点是反对以苛严的方式对待他人。这里的“圣人”可以理解为广义的理想人格，他即使有求责于人的根据（握有契约），也“不责于人”，其中体现的是宽以待人的原则。凭借某种依据而追究责任，这是不够宽容的表现。有德性的人，仅仅管理契约，并不以此对人问责；缺乏德性者，即使没有契约（问责的依据），也会对人求全责备，这就是所谓“有德司契，无德司彻”①。这种宽容原则所体现的，是普遍的“天道”：“天道无亲，常与善人。”就其本身而言，“天道”原则表现出“无亲”的特点，即没有什么偏爱。事实上，前文提到的宽容本身就包含普遍性之义，这里进一步明确强调“天道”无所偏爱的性质。“常与善人”初看与前面“天道无亲”似乎不相一致：既然“无亲”，为何又“常与善人”？这里的问题在于：“天道”以普遍性作为原则，从这一层面看，不存在所谓偏私，但对人而言，则具有各种差异，所谓“善人”，可以视为能够真正领会、体悟“天道”的人，这样，

① 王弼：“彻，司人之过也。”（王弼．老子道德经注：第七十九章//王弼集校释．北京：中华书局，1980：189）

实质上并不是“天道”偏爱“善人”，而是“善人”能够很好地领会“天道”，从而，其行为也显得更合乎“天道”。换言之，“常与善人”并不是“天道”给予人什么，而是善人本身自觉合乎“天道”。从“天道”的方面来看，没有偏私；从人的行为方式来看，则呈现各种差别。事实上，人对“天道”的领会方式和领会程度的差异，制约着人是否合乎“天道”以及在何种层面上合乎“天道”。不难看到，这里的关键在人本身。

第八十章

原文：

小国寡民，使有什伯之器而不用，使民重死而不远徙。虽有舟舆，无所乘之；虽有甲兵，无所陈之；使人复结绳而用之。甘其食，美其服，安其居，乐其俗。邻国相望，鸡犬之声相闻，民至老死不相往来。

释义：

本章比较简洁地概述了老子所追求的理想社会。“小国寡民”是就其规模而言，它表明，理想社会的规模不能过大。“小”涉及疆域，“寡”关乎人口，这属于形式的方面。从实质层面看，其中描述的各个方面，与文明的演化相关。

“什伯之器”犹言众多之器，其中涉及“器”“物”之辨。“器”不同于本然形态的“物”，作为人的创造物，它表现为文明演化的产物，“有什伯之器而不用”，意味着与文明的演化保持某种距离。“迁徙”关乎人口的流动，这种流动的背后是文化的交流，“使民重死而不远徙”，表现为疏离文化的交流。“舟舆”属交通工具，“甲兵”则是兵器，两者用途不同，但也都是文明演化过程的产物。“虽有舟舆，无所乘之”，意味着拒绝远距离的沟通；“虽有甲兵，无所陈之”则既表现为远离战争，也蕴含着对人的创造物的疏远。与之相关的“使人复结绳而用之”，进一步要求从语言文字和演算的运用，回到前语言或前文字的历史阶段。“甘其食，美其服，安其居，乐其俗”表现为满足于近乎自然的生活方式，“邻国相望，鸡犬之声相闻，民至老死不相往来”，则是对社会交往的拒斥。

就总的价值取向而言，以上看法首先表现为对前文明状态的向往。前文明状态也就是自然状态，与自然状态的理想化一致，老子对文明的演化表现出质疑的立场。从物质的方面看，前文明状态或自然状态的特点，在于避免运用各种文明的成果，舟、车、甲兵，不管是运输工具还是军事上的兵器，都应搁置起来，其中蕴含的是远离文明成果的要求。从文化层面来说，从语言文字的运用，回到“结绳而记”的时代，这是更为彻底地返归前文明状态。这种前文明的社会具有自给自足的性质，不依赖于任何外在的资源，与其他社会共同体之间也没有什么社会交往，整个社会处于一种非流动的状态，这与现代社会注重流动性正好形成对照。这种社会形态安于既成现状，远离文明的发展。在老子看来，进步、发展与理想社会格格不入。从历史的角度来看，老子所描述的这种社会形态在实质上表现为自然状态的理想化。这种看法的前提是有见于文明演化过程中出现的种种负面现象，然而，将自然状态视为完美的存在形态，试图通过回归前文明状态以克服文明演化过程中的消极趋向，本身显然又具有非历史的一面。

第八十一章

原文：

信言不美，美言不信；善者不辩，辩者不善；知者不博，博者不知。圣人不积，既以为人，己愈有；既以与人，己愈多。天之道，利而不害。圣人之道，为而不争。

释义：

本章首先对语言形式和其内容之间的关系做了进一步的考察。“信言不美，美言不信”，涉及“真”与“美”的关系问题，“信”包含“真实”或“真诚”之义，“美”则关乎外在的表达形式。在老子看来，语言的表达形式与它的内涵常常不一致，真实的内涵呈现于外的时候，并没有华丽的形式；反过来，以华丽辞藻作为表达形式，往往不一定表达真实的内涵。这种形态，与前面所说的“正言若反”具有某种一致性。后面“善者不辩，辩者不善”，涉及内在德性与外在德行的关系。“善者”可以视为具有内在德性的人，但他们常常并非能言善辩；反过来，具有“善辩”品格的人，则不一定具有内在的德性。这一看法与孔子所说的“巧言令色，鲜矣仁”① 有相通之处：花言巧语的人，往往缺乏“仁”的内在德性。不难看到，在肯定了内在德性与外在形式之间存在差异这一点上，老子与孔子显然彼此一致。与以上表述相近，“知者不博，博者不知”，涉及“真知”与“非真知”的关系。“知者不博”中的“博”与通常所说的广博有所不同，可以理解为外在炫耀。真正有学问和知识的，并不一定以博炫耀；以博炫耀者，每每缺乏真知。

“人”和“己”、“自我”和“他人”的关系，是本章后一部分涉及的论题。“圣人不积”中的圣人，可以视为理想的人格，“不积”则表现为不内敛，不仅仅追求自我增益，与之相辅相成的是“为人”。圣人虽为人而不为己，但结果是自己越来越充实，越来越丰富，所谓“既以为人，己愈有；既以与人，己愈多”，便肯定了以上事实。为人与自为的以上关系与第七章中所说的“非以其无私邪？故能成其私”具有一致性。

从更为普遍的视域看，为人与自为之辨同时体现了“天之

① 论语·学而.

道”与“圣人之道”的关联。“天之道，利而不害”，“利而不害”也就是“利人”而不“害人”，或者说，成就他人而非损害他人。“圣人之道，为而不争”，这里的“圣人之道”，帛书乙本作“人之道”，后者在形式上似乎更为简洁，与“天之道”也更为对称。当然，在实质的层面，此处所强调的是“不争”的原则，其内在旨趣在于避免社会冲突和对抗。这里的“为”不同于刻意之“为”，而是“为无为”意义上的“为”。刻意之“为”往往导致彼此相争，“为无为”则是以“无为”的方式去“为”，这一意义上的“为”与“不争”具有一致性。在老子看来，“无为”“不争”，是“天道”的具体体现。“天之道”是老子理解的第一原理，但在“天之道”之下，老子又处处关注人的现实存在，“利而不害”“为而不争”便体现了对人的关切。在这里，形而上之维的“天之道”和形而下层面的人之“在”，同样呈现了内在的统一。

后 记

十余年来，我曾多次给研究生讨论班讲授《老子》，疏讲的内容由研究生根据录音记录并整理，本书以此为基础，做了进一步的修订。对《老子》文本的疏讲，力求略人所详、详人所略，本书也体现了与之一致的特点。就总体而言，本书主要侧重于《老子》哲学意蕴的诠释和阐发，而非具体字、词的训释，其内在旨趣在于引导读者在哲学的层面真切地进入《老子》的文本。贡华南、方旭东教授曾细致地校读了本书的初稿，在此谨深致谢忱。本书的研究，同时列入“华东师范大学‘幸福之花’先导基金重大研究专项：历史跨度全球视野中的老子学说及其大数据分析——老子思想的源头、内涵、未来和域外影响的考证与解析”研究项目。

图书在版编目（CIP）数据

老子讲演录/杨国荣著. --北京：中国人民大学出版社，2021.8
（人文大讲堂）
ISBN 978-7-300-29698-2

Ⅰ.①老… Ⅱ.①杨… Ⅲ.①老子-哲学思想-研究 Ⅳ.①B223.15

中国版本图书馆 CIP 数据核字（2021）第 152896 号

人文大讲堂
老子讲演录
杨国荣　著
Laozi Jiangyanlu

出版发行	中国人民大学出版社		
社　　址	北京中关村大街 31 号	**邮政编码**	100080
电　　话	010－62511242（总编室）		010－62511770（质管部）
	010－82501766（邮购部）		010－62514148（门市部）
	010－62515195（发行公司）		010－62515275（盗版举报）
网　　址	http://www.crup.com.cn		
经　　销	新华书店		
印　　刷	北京联兴盛业印刷股份有限公司		
开　　本	890 mm×1240 mm　1/32	**版　　次**	2021 年 8 月第 1 版
印　　张	11.375 插页 3	**印　　次**	2023 年 12 月第 2 次印刷
字　　数	203 000	**定　　价**	68.00 元